Linee Guida

Azioni per una Smart City

FELICE LUCIA

Felice Lucia

Codice ISBN: 1798734532
ISBN-13: 978-1798734537

CONTENUTI

1 INTRODUZIONE ALLE LINEE GUIDA

Il presente documento rappresenta un documento di indirizzo e di buone prassi ed è destinato a tutte le pubbliche amministrazioni centrali, locali con lo scopo di discutere e proporre un approccio metodologico e di governance per la piena attuazione del paradigma della SC.

Le città continuano a popolarsi e ad aumentare il consumo di energia in maniera poco efficiente e si pensa che incentivando la green economy si possa risolvere il problema, senza tener conto di un nuovo potenziale risolutivo: la tecnologia digitale, che, alleata alla nuova produzione tecnologica, può portare a nuovi benefici all'interno di una smart city.

L'approccio sistemico della smart city , cioè tener conto di tutte le interrelazioni che sia hanno nello sviluppo della città , rappresenta un nuova opportunità di pianificare la città.

Secondo un' indagine della Commissione Europea,circa il 70% dell'energia viene consumata nelle città[1], e molta di questa energia utilizzata per luce, riscaldamento, trasporti, produzione industriale viene sprecata e utilizzate in maniera poco efficiente. Il sistema di relazioni che si sviluppano all'interno dell'ecosistema urbano ne determinano il successo, e in particolare per l'energia è importante operare secondo un approccio sistemico tenendo conto dell'interrelazione di una moltitudine di flussi di materia e di energia.

Molti oggetti urbani potranno interagire con l'ambiente e le persone circostanti, si pensi ai lampioni della illuminazione stradale che possono

---

1   Palumbo L., Architettura produttiva: principi di progettazione ecologica

diventare dei punti di informazione e parte di una rete più ampia di connessione o di trasporto dell'energia anche per alimentari veicoli elettrici. Questo cluster di tecnologie e le sue applicazioni sono oggi identificate con il paradigma della Smart City.

Infine basti pensare che il cittadino non è più un banale consumatore di energia ma sta diventando un prosumer, cioè produttore, consumatore e accumulatore di energia , questa anche grazie alla diffusione della micro generazione diffusa soprattutto da fotovoltaico, e inserito in una smart grid potrà portare notevoli benefici in ordine alla riduzione dei consumi di energia.

All'interno del testo verranno proposti approcci, azioni e riflessioni in grado di aprire dimensioni del ragionamento ed indicare possibili scenari che possano essere utilizzati nella pianificazione di una smart city, per definirne un nuovo modo di interpretare e tentare di orientare l'efficienza energetica nello sviluppo urbano in chiave smart city.

Il presente documento ha lo scopo di proporre un nuovo approccio di pianificazione per l'efficienza energetica per la SC in modo da rendere attuabili in maniera unitaria: smart energy, smart house, smart building, ecc. attualmente presenti sul mercato ma non in un'ottica sistemica, evidenziando gli aspetti tecnologici, di standardizzazione e di interoperabilità richiesti per sfruttare i benefici che il paradigma della smart city può portare alle realtà territoriali.

2 COME UTILIZZARE LE LINEE GUIDA

Trasformare una città in una smart city è un processo molto complesso, in quanto richiede una radicale innovazione sia delle infrastrutture che del modo di pensare delle persone, del modo di progettare in sistemi complessi ed interconessi.

Questo richiede di ripensare le strategie e le azioni politche, tenuto conto che vi sono numerosi attori come multinazionali ed imprese, università, mondo dell'associazionismo, ed in questo contesto le amministrazioni locali devono svolgere un ruolo di coordinamento e di facilitazione.

Queste linee guide servono a dare alla Pubblica Amministrazione un'indicazione sulle azioni da intraprendere per trasformare la città in una smart city, con il compito anche di creare un contesto favorevole affinché si attivino le migliori energie del territorio in sinergia, verso obiettivi comuni e condivisi.

Le presenti linee guida si incentrano su interventi a livello locale entro le competenze dell'autorità locale, atte a ridurre i consumi energetici della città. Di seguito saranno elencate una serie di azioni e suggerimenti relativi alle politiche e alle misure che l'autorità locale può adottare per raggiungere gli obiettivi della Smart City. In particolare, si focalizza su quelle azioni di "politiche" che consentono in generale un risparmio energetico e di CO_2, e rispetto ai Paes sono indicate azioni di area vasta con alti contenuti di innovazione tecnologica e dove è forte l'ICT in un contesto sistemico, in quanto le tecnologie che rendono concreta questa nuova dimensione trasformano la città in un organismo vivente costituito da strati connessi funzionalmente e gerarchicamente, e quindi non più visto come un sistema sconnesso.

Quindi ci saranno nuove tecnologie abilitanti e l'introduzione di sensori, attuatori, videocamere, smartphone e apparati di vario genere, per far si che vi sia un sistema interconnesso con le persone ed è questa la nuova e rivoluzionaria condizione che si ha nella smart city, in cui si è abilitati a livelli straordinari di partecipazione e, contemporaneamente, con il controllo delle attività funzionali.

3 STRUTTURA DELLE LINEE GUIDA

L'Agenzia Digitale[2] per l'Italia attesta che Smart city "città intelligente" può essere definita "smart" quando gli investimenti in capitale umano, sociale e in infrastrutture tradizionali e ICT, producono uno sviluppo economico sostenibile migliorando al contempo la qualità della vita degli abitanti. Una smart city si sviluppa su molteplici assi quali: mobilità, ambiente ed energia, qualità edilizia, economia e capacità di attrazione di talenti e investimenti, partecipazione e coinvolgimento dei cittadini. Per poter realizzarla occorre che vi sia una connettività diffusa e la digitalizzazione di tutti i servizi e le infrastrutture, così da poter comunicare tra di loro e con gli abitanti.

L'Agenda Digitale inoltre dice che ".. con il termine Smart City/Community (SC) si intende quel luogo e/o contesto ove l'utilizzo pianificato e sapiente delle risorse umane e naturali, opportunamente gestite e integrate mediante le numerose tecnologie ICT già disponibili, consente la creazione di un ecosistema capace di utilizzare al meglio le risorse e di fornire servizi integrati e sempre più intelligenti (cioè il cui valore è maggiore della somma dei valori delle parti che lo compongono)." Progressivamente si arriva a quella che è la caratterizzazione fondamentale di smart city: ossia un risultato integrato di aspetti "hardware" e "software", in grado di combinarsi fra loro assicurando a chi lo vive una migliore qualità della vita.

Attualmente la città è vista come un insieme di reti sconnesse tra di loro (quali la rete dei trasporti, la rete elettrica, la rete degli edifici, la rete della illuminazione, la rete delle relazioni sociali, la rete della pubblica

---

2   www.digitpa.gov.it

illuminazione, dell'acqua e dei rifiuti e così via) e con il mondo esterno, ma nella smart city si dovrà avere necessariamente un'interazione con tutti gli abitanti, secondo un'accezione dinamica ed evolutiva e non più statica com'è adesso.

Solo l'interazione tra le reti, le infrastrutture, con le persone che le utilizzano darà benefici dal punto di vista dei consumi energetici.

Questo anche grazie a nuove tecnologie informatiche da implementare nella gestione e organizzazioni delle reti e delle infrastrutture, comportando nuovi investimenti in sensoristica, introduzione di ICT e modellistica che possa raccogliere in tempo reale il reale bisogno delle persone e inoltre possa anche predire la richiesta del cittadino e magari orientarlo nella scelta più sostenibile, per arrivare alla "resource on demand"[3] ossia fornire il servizio esattamente nel luogo, nel tempo e nella intensità richiesta.

Attualmente si sente parlare di energy on demand, cioè avere l'energia quando è richiesta, così come mobility, lighting on demand, tutte tematiche di contatto tra energia e sociale, in quanto si mettono insieme comportamenti e uso razionale dell'energia.

Un primo modello è quello delle smart street[4] con l'illuminazione pubblica non più vista solo per esigenze di illuminotecnica ma sviluppando infrastrutture con a bordo sistemi intelligenti, i quali oltre ad abbattere i consumi di energia con fonti di luce più efficienti e nuovi sistemi di regolazione possono anche monitorare l'ambiente, offrire informazione di qualsiasi generare, gestire la mobilità e la sicurezza. Quindi ripensare l'infrastruttura e la rete esistente con pali intelligenti.

Il modello smart home[5] nel quale l'abitazione oltre a provvedere impianti e un involucro più efficiente viene dotata di tecnologie innovative, quali la domotica o ICT, per avere una casa intelligente per permettere un controllo e una regolazione sulla domanda e richiesta di energia, fino ad arrivare ad avere sistemi di accumuli per il termico e l'energia elettrica, oltre a dotarsi di caricatori per la mobilità elettrica.

Per gli ambienti di lavoro (uffici, impianti pubblici come palestre stadi, scuole, ecc.) esistono modelli definiti di smart building che possono

---

3   http://www.enea.it/it/produzione-scientifica/EAI/anno-2012/n.-4-5-luglio-ottobre-parte-I/la-roadmap-delle-smart-cities
4   http://www.enea.it/it/Ricerca_sviluppo/documenti/ricerca-di-sistema-elettrico/illuminazione-pubblica/rds-198.pdf
5   http://www.enea.it/it/produzione-scientifica/pdf-eai/n-3-4-maggio-agosto2013/case-intelligenti.pdf

ottimizzare i consumi degli utenti finali grazie ad un controllo integrato dei diversi sistemi (sicurezza, riscaldamento, ascensori, sensori, ecc.) e processi (manutenzione, controllo accessi, ecc.).

Sebbene si ricorre spesso a interventi massivi su impianto ed involucro per abbattere i consumi energetici negli edifici con l'introduzione di controlli automatici nei sistemi impiantistici si può risparmiare oltre il 30% dei consumi, inoltre questo è il sistema più economico tra gli interventi[6] di efficienza energetica.

Oggi già sono in vendita elettrodomestici che possono essere programmati e controllati da remoto, ad esempio quando il prezzo dell'energia è più basso, oppure nelle ore di produzione dell'impianto fotovoltaico, quindi si hanno notevoli risparmi con sistemi che integrano le funzioni di automazione dell'edifico e ne ottimizzano la spesa energetica, consentendo, inoltre, all'utente di interagire direttamente con i sistemi di illuminazione, alimentazione, riscaldamento e climatizzazione, ecc.

Non da ultimo ma comunque importante è che per un edificio intelligenti si dovrà poter dialogare con l'ambiente esterno e con il resto della città e sui servizi a rete in modo da poter essere integrato, come ad esempio nello sviluppo della mobilità sostenibile.

Un altro aspetto importante è lo sviluppo della smart grid[7] in quanto con l'avvento della generazione distribuita, cioè la diffusione di centrali di produzione di energia sparse per il territorio, la rete è passata da passiva ad attiva, cioè il flusso dell'energia che prima andava da grandi centrali alle città si invertito, e questo ha rappresentato un cambiamento epocale nella gestione e nello sviluppo della rete di trasmissione e distribuzione elettrica. La demarcazione netta tra produttori e consumatori di energia non è più netta come una volta, quindi bisogna pianificare e pensare la città sviluppando la smart grid, considerando che l'edificio che il consumatore o l'edificio saranno una parte integrante attiva.

L'installazione di smart meter per l'acqua, l'energia, i rifiuti consente di poter pianificare meglio le azioni e avere non più un semplice consumatore ma un prosumer, cioè è parte attiva di una rete attiva o infrastruttura che può dialogare con l'esterno.

Attualmente in Italia l'AEEG (Autorità Energia Elettrica e Gas) ha avviato delle sperimentazioni nelle principali città italiane, in partnership con

---

6   www.smartbuild.eu
7   www.aeit.it

multiutility tipo la Hera nella città di Bologna per lo smart metering per il servizio di distribuzione gas, il servizio idrico, la distribuzione di energia elettrica, il teleriscaldamento, il servizio di igiene ambientale[8].

Questi primi progetti sono stati finanziati con un mini-contributo sulla bolletta di circa 10 centesimi l'anno per consumatore a livello nazionale, si propongono di sperimentare, in una logica smart city, la possibilità di utilizzare un'unica rete condivisa per trasferire i dati sui consumi dai contatori di luce, gas, acqua ai diversi fornitori. Una soluzione innovativa e tecnicamente avanzata che consentirebbe di ridurre i costi di gestione e di funzionamento dei servizi, assicurando una gestione ottimale dei flussi di dati.

Anche il tema della smart mobility ha un' importanza fondamentale. Oltre a pensare a nuove infrastrutture od ad auto più efficienti bisogna diffondere l'utilizzo di soluzioni ICT (come paline intelligenti, car sharing, …) in grado di innovare l'ambito dei trasporti su scala urbana per "Muoversi meglio per vivere meglio"[9].

---

8   http://www.autorita.energia.it/it/com_stampa/14/140908cs.htm
9   http://www.dailyenmoveme.com/it/ict/smart-mobility-nuove-tecnologie-e-sistemi-
     informativi-applicati-ai-trasporti

4 AZIONI

EDIFICI

La riduzione del consumo di energia in questo settore è una priorità nell'ambito degli obiettivi della direttiva «20-20-20» in materia di efficienza energetica dell'Unione Europea, così come poi affermato dalla direttiva successiva 2012/27/UE[10] , sull'efficienza energetica nell'Unione Europea (che modifica in parte le direttive 2009/125/CE e 2010/30/UE e abroga le direttive 2004/8/CE e 2006/32/CE). La direttiva 27 stabilisce un quadro comune di misure per la promozione dell'efficienza energetica nell'Unione al fine di garantire il conseguimento dell'obiettivo principale dell'Unione relativo all'efficienza energetica del 20% entro il 2020 e di gettare le basi per ulteriori miglioramenti dell'efficienza energetica al di là di tale data.

Il parco immobiliare europeo è molto energivoro e presenta numerosi sprechi di energia consumando circa un terzo dei fabbisogni energetici nazionali, infatti il settore dell'edilizia da solo rappresenta il 40 % del consumo totale di energia nell'Unione europea (UE)[11].

Con la Direttiva 2010/31/UE del Parlamento europeo e del Consiglio, del 19 maggio 2010, sulla prestazione energetica nell'edilizia, oltre a fissare i requisiti minimi di prestazione energetica si fissano come obiettivi anche gli

---

10eur-lex.europa.eu

11http://europa.eu/legislation_summaries/internal_market/single_market_for_goods/con
   struction/en0021_it.htm

edifici a energia quasi zero,entro il 31 dicembre 2020. Per quanto riguarda gli edifici di nuova costruzione occupati da enti pubblici e di proprietà di questi ultimi devono rispettare gli stessi criteri a partire dal 31 dicembre 2018.

Quindi il quadro europeo e quindi nazionale è verso politiche di riduzione degli sprechi e dell'energia ed in questo contesto descriviamo una serie di azioni che possono aiutare a sviluppare una smart city.

Individuazione della dispersione energetica degli edifici su area urbana e sensibilizzazione dei cittadini

Per raggiungere i target dell'efficienza energetica è molto importante partire da una pianificazione urbana sostenibile, quindi bisogna innanzitutto investire in strumenti che possano supportare il decisore politico e il pianificatore ad adottare strategie che possano modificare e cambiare i consumi e gli usi finali di energia in una maniera più razionale[12]. Questa azione prevede l'utilizzo di strumenti ICT e GIS interoperabili per fornire accurati audit energetico degli edifici pubblici e privati su area vasta, avendo come prodotto la diagnostica a scala di edificio e indicazioni per la pianificazione urbana sostenibile come: l'indicazione dei livelli di consumo/produzione di energia e dei parametri ambientali degli edifici pubblici e privati, con un output finale e la loro visualizzazione su uno specifico Geographic Information System (GIS) sull'indicatore "energia" e "prestazione energetica", con conseguente monitoraggio e controllo mediante Building Automation (BA).

Ad esempio se si considera che le strutture opache degli edifici disperdono mediamente tra il 45% e il 60 % di energia dell'intero fabbricato, attraverso l'utilizzo di apparecchiature dotate di termografi si può rilevare la temperatura delle facciate degli edifici, e di conseguenza valutare lo stato di isolamento dell'edificio ,individuando le dispersioni energetiche e ponti termici[13]. Le indagini termografiche sono uno strumento di base per rilevare le prestazioni energetiche degli edifici ed affiancando queste misure con tecniche di rilevamento ad alta definizione (come laser scanner terrestre, voli lidar, utilizzi di droni), si può avere una restituzione reale del dato fino alla creazione di una piattaforma web accessibile a tutti gli utenti, dove potrebbero convergere tutti questi dati misurati direttamente ed indirettamente, generando una mappa tematica sulle dispersioni energetiche accompagnandola a delle visualizzazioni 3D, in cui gli edifici risultano

---

12 http://www.torinosmartcity.it/idee/idea-29/

13 Alesi P, (2012) , Dispersioni energetiche degli edifici su scala urbana:Tecniche di rilevamento e condivisione, Tesi Università di Venezia

"vestiti" di una scansione termica e si indica il grado della prestazione energetica. Tutto questo anche al fine di raggiungere come obiettivo la sensibilizzazione dei cittadini sulla tematica del contenimento energetico degli edifici. Naturalmente i benefici di una siffatta azione potrebbero essere molteplici, oltre ad indurre e a suggerire tecniche per migliorare le prestazioni energetiche degli edifici.

Un cittadino consapevole dei propri consumi energetici sicuramente metterà in atto una serie di azioni per la sua risoluzione ed è questo anche lo scopo della certificazione energetica degli edifici, ai fini di una sensibilizzazione dei cittadini per attuare un cambiamento radicale negli stili di consumo energetico.

In questo caso, è come se si volesse fare una certificazione di area vasta degli edifici e magari mettere in correlazione i dati elaborati con le certificazioni energetiche effettuate negli anni e altre banche dati inerenti i consumi.

Vi è anche un altro modo per poter desumere dei dati di prestazioni energetiche degli edifici su area vasta che può essere utilizzato in aggiunta alla metodica precedente, partendo dai dati degli immobili che vengono messi a disposizione dei Comuni da parte dell'Agenzia delle Entrate. Vi è un portale per i Comuni in cui per ciascun immobile associato agli estremi catastali vi sono informazioni sui consumi di energia e/o gas. Vi sono stati già esempi di utilizzo di questa banca dati per ottenere informazioni sui consumi degli edifici e sulla base di un opportuno algoritmo che rapporta il totale dei consumi alla superficie dell'immobile si ha come risultato un indice di prestazione energetica ed il risultato viene classificato in base ai parametri di classe energetica, attribuendo un colore di riferimento se si vuole rappresentare graficamente e renderlo fruibile sul web.

I dati sui consumi energetici e le applicazioni che ne possono conseguire sono importanti perché costituiscono una base dati essenziale per conoscere lo stato di fatto del territorio ed in seconda battuta per elaborare una strategia. Inoltre, la visualizzazione e la diffusione dei dati possono costituire una fonte informativa importante anche per i cittadini e le imprese, soprattutto per gli operatori che vogliono proporre soluzioni per il risparmio energetico; nel tempo possono scatenare anche azioni di "imitazione positiva" nei confronti di soggetti virtuosi, che attraverso azioni positive hanno ottenuto una classe energetica più alta, e quindi un risparmio sui consumi. Di seguito un esempio (statico) di come possono essere visualizzati i dati:

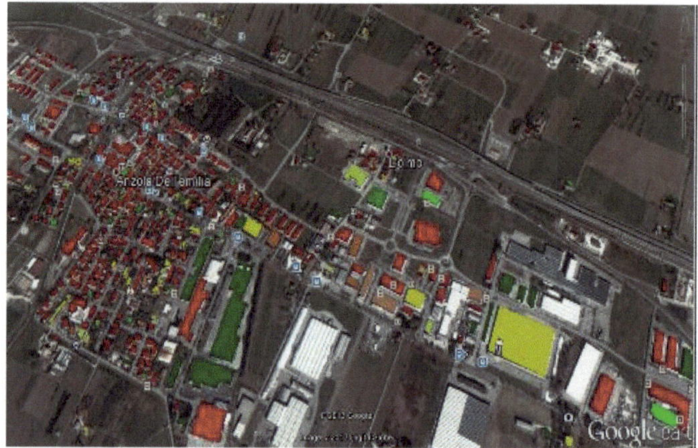

Immagine da internet[14]

Energia del sole sugli edifici della città. Potenziamento del solare termico in edifici pubblici e privati

Naturalmente quando parliamo di interventi che possono ridurre i consumi energetici negli edifici in ambito smart city, il solare termico rappresenta la tecnologia per eccellenza soprattutto in paesi come l' Italia, dove abbiamo un irraggiamento medio alto rispetto ai paesi nordici. Per abbattere i consumi bisogna incrementare l'utilizzo di energia rinnovabile da solare termico, promuovendo la sostituzione dei combustibili fossili per la produzione di acqua calda sanitaria e/o di processo con tale tecnologia , anche per utenze di grandi dimensioni (tipo alberghi). L'impiego dell'energia solare per il riscaldamento ed il condizionamento è una grande opportunità nel settore del risparmio energetico.

Gli impianti solari termici sono costituiti da pannelli che producono acqua calda sfruttando l'energia del sole[15]. La radiazione solare riscalda un liquido che circola all'interno dei pannelli. Tale liquido, quindi, trasferisce il calore assorbito ad un serbatoio di accumulo d'acqua.

Le principali e più comuni tipologie impiantistiche, in cui si possono catalogare gli impianti solari termici, a seconda del modo in cui avviene la circolazione del liquido, sono due:

- impianti a circolazione naturale;

---

14 http://www.patriziasaggini.it/agendadigitale/open-data-ed-energia/
15 Www.gse.it

- impianti a circolazione forzata.

Il solar cooling, letteralmente raffrescamento solare, è una tecnologia particolarmente promettente: si propone di utilizzare il calore raccolto dai pannelli solari termici per produrre freddo, impiegando l'acqua riscaldata (opportunamente miscelata ad un'altra sostanza) come fluido operativo all'interno di un ciclo frigorifero, grazie a delle particolari macchine termiche tipo assorbitori. Alla base del Solar Cooling vi è la possibilità di produrre il freddo da una sorgente di calore "calda", quindi se ben dimensionati possono essere un valido aiuto alla riduzione dei consumi, soprattutto se si pensa di accoppiare il solare termico a impianti a bassa entalpia, in edifici con basse dispersioni termiche si potrebbero quasi ridurre a zero i consumi termici.

Di seguito si può osservare un esempio di impianto con il solar cooling (impianto solar heating and cooling Edificio F-92 ENEA[16]). Semplificando la complessità dell'impianto, durante il periodo invernale i pannelli solari termici possono produrre l'acqua calda per il riscaldamento degli ambienti (solar heating); in estate, invece, gli stessi pannelli forniscono l'acqua calda necessaria ad alimentare un gruppo frigo ad assorbimento, per dare il fresco agli ambienti.

Per poter sfruttare in pieno queste tecnologie è importante avere delle mappe di consumo e di potenziale termico e, allo stato, ci sono già numerose città che hanno fanno una mappa solare (si veda ad esempio il

---

16 http://www.uttei.enea.it/termofluidodinamica/img-
    termofluidodinamica/ScuoladelleEnergieENEAF92.jpg

progetto SOTHENS)[17] che possa prevedere la costruzione di un modello dettagliato degli edifici, comprendente le falde dei tetti per avere un quadro del potenziale solare termico che può essere installato sui tetti. La cartografia in 3D, nel progetto Sothens, è stata usata per lo studio del potenziale solare, cioè l'individuazione sistematica di tutte le falde che si prestano per l'installazione di pannelli solari; quantificazione dell'energia che si potrebbe produrre e calcolo della CO_2 risparmiata.

All'interno di questo progetto una parte importante è il rapporto con i cittadini in un'ottica smart city: chi lo vorrà potrà comunicare periodicamente i consumi di acqua, gas e corrente. In questo modo, partendo dalla mappa del potenziale solare ed eventuali dati storici sui consumi, si potranno monitorare i consumi con una frequenza ragionevole e correlarli agli interventi di efficientemente energetico degli edifici su proiezioni future.

Naturalmente è indispensabile che per i nuovi edifici oppure per tutte le pratiche di ristrutturazioni, prevedere l'installazione di smart meters cioè contatori intelligenti, capaci di inviare i dati sui consumi in modo automatico e poter attivare anche controlli da remoto.

In un'ottica di pianificazione smart city per la riduzione dei consumi energetici sarebbe molto è utile implementare una mappa del potenziale di energia solare sull'intera città e/o quartiere.

Il catasto solare è una mappa che valuta il potenziale solare (per esempio kWh/m^2 all'anno) di una zona abitata (città, zone industriali, ecc.) serve sia per diffondere la conoscenza tra i cittadini del potenziale solare dei tetti dei loro paesi e città sia per avere uno strumento per le municipalità utile per pianificare l'uso dell'energia solare nella loro area.

Si può vedere una esemplificazione nell'immagine sottostante di un progetto da in corso, che vede l'implementazione di queste tecnologie su area vasta[18]

---

17 www.unipv.eu

18 http://www.provincia.bz.it/agenzia-
    ambiente/download/eurac_solar_potential_david_moser.pdf

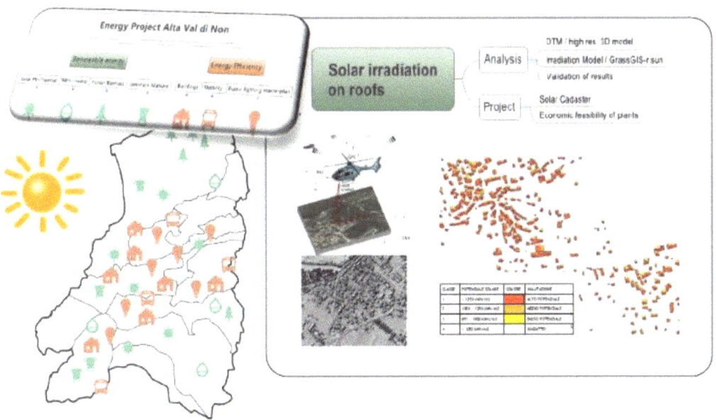

Alla fine partendo dall'idea di dover incentivare il solare termico si può arrivare a pianificare un distretto solare termico, laddove ne esistono le condizioni così come già realizzato in Danimarca nella foto di seguito (Distretto solare Isola di Ärö, Ärösköping, Denmark. Capacità installate: 4.9 MW ,7 000 m²)[19]:

Vi è un campo solare termico che alimenta una rete cittadina di teleriscaldamento, ed in questo modo usufruiscono di energia gratis per il calore delle abitazioni. In questo caso è ad integrazione di altri sistemi di produzione di calore.

19

   http://www.arcon.dk/sitecore/content/ARCON/Home/referencer%20v2/Varmeva erker/~/media/ARCON/11%20%20Varmevaerker/Aero_180x300%20jpg.ashx?db= master

Una rete duale per il teleriscaldamento può essere pianificato laddove vi sia anche esigenza di alimentare utenti finali che hanno bisogno di raffrescamento.

Gli impianti di teleriscaldamento solare (Solar District Heating - SDH[20]) sono applicazioni su grande scala della tecnologia del solare termico; permettono la fornitura di calore prodotto da campi di collettori solari di grandi dimensioni, senza emissioni di gas serra, distribuito a quartieri residenziali e industriali grazie alle reti di teleriscaldamento. Negli ultimi cinque anni c'è stato un crescente interesse commerciale verso il teleriscaldamento solare, soprattutto da parte delle utilities, ma anche delle amministrazioni e del mondo delle costruzioni. Il teleriscaldamento solare sta oggi facendo il suo ingresso sul mercato.

Energia della terra per gli edifici. Potenziamento della geotermia in edifici pubblici e privati

L'energia geotermica ancora non molto diffusa in Italia può essere considerata un'importante fonte di energia rinnovabile che può essere utilizzata per abbattere i consumi energetici, utilizzabile sia per produrre energia elettrica, che per riscaldare ambienti e ottenere ACS (acqua calda sanitaria). Una pompa di calore geotermica ha il grosso vantaggio che non dipende dalle condizioni atmosferiche esterne in quanto lo scambio termico è con il terreno a temperatura costante.

Quindi l'utilizzo della geotermia, soprattutto mediante l'impiego di pompe di calore geotermiche per soddisfare il fabbisogno di riscaldamento/raffrescamento negli edifici, è opportuno nelle aree non facilmente raggiungibili dal teleriscaldamento.

L'energia geotermica[21] è generalmente suddivisa a seconda del livello di temperatura a cui si rende disponibile (alta, media, bassa, molto bassa). In particolare, l'energia disponibile a temperatura molto bassa può essere utilizzata per il riscaldamento degli edifici e la produzione di ACS oppure per il raffrescamento degli edifici.

---

20 www.solar-district-heating.eu
21 climatizzazioneconfontirinnovabili.enea.it

Un impianto geotermico è costituito fondamentalmente da 3 elementi[22]:

- un sistema di captazione del calore.
  Si tratta di tubazioni in polietilene all'interno del quale vi è un fluido termovettore che scabia con il terreno, e possono essere orizzontali oppure verticali;

- La pompa di calore geotermica
  è all'interno dell'edificio e permette di trasferire calore dal terreno all'ambiente interno – in fase di riscaldamento- e di invertire il ciclo nella fase di raffrescamento;

- Un sistema di accumulo e distribuzione del calore;

Gli impianti geotermici sono particolarmente adatti per lavorare con terminali di riscaldamento/raffrescamento funzionanti a basse temperature (30-50°C), come ad esempio i pannelli radianti e i ventilcovettori, aumentando di molto l'efficienza generale del sistema.

La geotermia è certamente consigliata per tutti gli edifici di nuova costruzione, per i quali è possibile progettare ex novo l'intero impianto in maniera ottimale.

Nell'ambito smart city sarebbe utile elaborare un geodatabase, per definire e mappare le zone del territorio adatte all'estrazione di energia geotermica a bassa temperatura, per lo sviluppo di questi impianti innovativi per lo sfruttamento delle georisorse del suolo, con particolare attenzione alle risorse geotermiche a bassa entalpia.

Con la realizzazione di un geodatabase si possono mettere a disposizione i dati ambientali e geologici necessari alla realizzazione di analisi complesse mirate alla mappatura delle fattibilità territoriali per l'installazione di impianti geotermici con sonde verticali (SGV).

Edifici in rete per risparmiare. Sistemi di micro-cogenerazione in edifici pubblici e privati

Un obiettivo da perseguire è incrementare la generazione distribuita di energia elettrica e calore mediante l'impiego in edifici pubblici e privati di sistemi di micro-cogenerazione , eventualmente alimentati dalla rete del gas naturale, e connessi sia con la rete elettrica dell'utilizzatore locale sia con la rete di distribuzione elettrica a bassa tensione.

---

22 http://www.nextville.it/Geotermia/339/Limpianto_geotermico

L'elettricità ed il calore sono le due forme di energia più utilizzate negli edifici per riscaldamento. Nella figura[23] di seguito vi è un confronto tra un sistema in assetto cogenerativo, quindi produzione simultanea di calore ed energia elettrica, e un sistema convenzionale (dove le richieste di elettricità e calore vengono soddisfatte tramite canali di produzione e distribuzione separate).

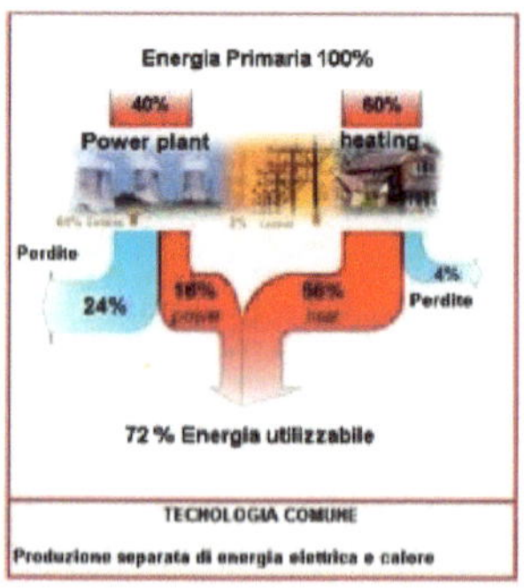

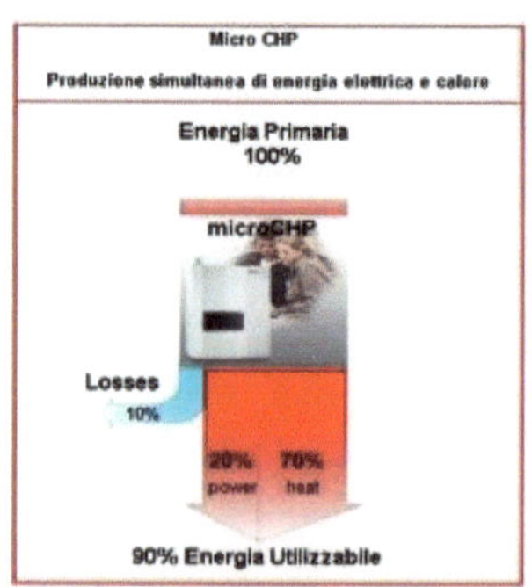

Si vede chiaramente come nel sistema cogenerativo si possono recuperare grosse perdite di energia termica dovute alla generazione centralizzata di elettricità, evitando le perdite di trasmissione con aumento dell'efficienza netta sull'energia primaria utilizzata.

Le celle a combustibile sono una nuova tecnologia che nella cogenerazione sembrano essere la tecnologia più promettente, sia dal punto di vista di efficienza netta che di impatto ambientale. Le Fuel Cells, o celle a combustibile, sono degli apparati elettrochimici che convertono il gas direttamente in elettricità e calore tramite una reazione chimica, senza l'ausilio di processi di combustione o di parti in movimento. Questo garantisce una grande elasticità nel funzionamento del sistema.

Pensare di utilizzare questa tecnologia significa avviarsi verso una transizione ineludibile, cioè passare da una infrastruttura energetica basata su fonti tradizionali ad una fondata su rinnovabili, in cui la generazione distribuita prenda il sopravvento con lo sviluppo di reti attive, senza parlare in prospettiva dello sviluppo del vettore idrogeno e comunque dell'alimentazione dell'auto elettrica.

---

23 http://climatizzazioneconfontirinnovabili.enea.it/index.php/micro-cogenerazione-residenziale

Le efficienze elettriche arrivano fino al 60%, e le efficienze complessive (elettricità e calore) fino al 90% - valori impensabili per altre tecnologie a taglia residenziale (1-10 kW). In particolare, le Celle ad ossidi solidi (Solid Oxide Fuel Cells, o SOFC) sono costituiti unicamente da materiale ceramico e grazie a questo sono facilmente fabbricabili e dimensionabili alle taglie necessarie, e robuste nel trasporto e nell'orientamento.

Quindi il grosso vantaggio è di avere un'unica macchina nell'edificio per la produzione di elettricità e di calore necessari, con un unico vettore energetico, quale gas di rete, GPL o anche biogas. In questo modo l'utente finale diventa anche produttore, e al limite può accumulare energia diventando parte attiva della città.

Gli impianti di cogenerazione mal si adattano per il solo riscaldamento degli ambienti nei periodi invernali in quanto l'eccesso di calore durante i mesi estivi dovrebbe essere dissipato, con dispendio di energia a scapito dei vantaggi economici, per ovviare a ciò si può pensare, nel periodo estivo, di utilizzare il calore come sorgente principale di energia, in luogo dell'elettricità, per la produzione di freddo tramite sistemi ad assorbimento (chiller ad assorbimento).

Si parla in questo caso di "trigenerazione" (in inglese spesso indicata come CCHP, Combined Cooling, Heating and Power): un sistema capace di produrre tre forme distinte di energia (elettrica - termica - frigorifera).

Il diagramma[24] nella figura di seguito le percentuali di trasformazione dell'energia in fase trigenerativa, supponendo 100 l'energia chimica in ingresso del combustibile si può avere un 30% circa di energia frigorifera utilizzabile dall'utenza.

Questo è un tipico schema impiantistico nella realizzazione di un impianto di trigenerazione[25] :

24

    http://climatizzazioneconfontirinnovabili.enea.it/index.php/component/content/art icle/43/107

25

    http://climatizzazioneconfontirinnovabili.enea.it/index.php/component/content/art icle/43/107

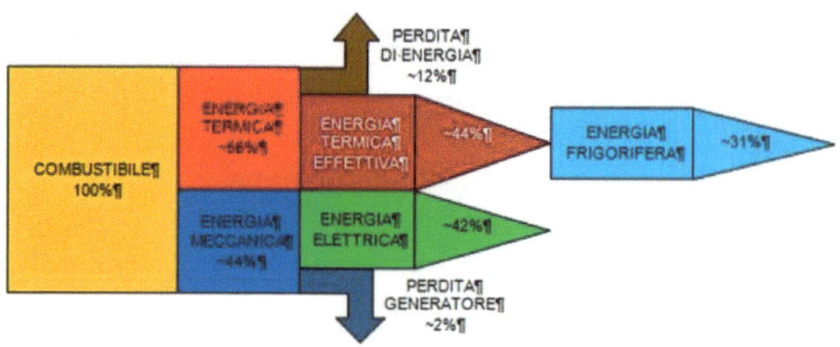

Tecnologie per il controllo del risparmio energetico degli Edifici (Smart Building).

Avere un edificio Zero Energy Building [26] significa ridurne notevolmente i consumi, visto che l'uso di un edificio ha impatti non solo a livello energetico, ma anche economico ed ambientale e la limitazione di questi impatti si inserisce nel più ampio quadro dello sviluppo sostenibile[27].

Il concetto di ZEB è stato trasportato da un piano prettamente teorico e di studio ad un piano di regolamentazione legislativa nella direttiva europea numero 31, infatti alla base della direttiva "The Energy Performance of Buildings Directive (Recast), 2010/31/EU" vi è il Nearly Zero Energy Building (Edifici a energia quasi zero), con un obiettivo vincolante al 2018 e al 2020 per i nuovi edifici rispettivamente pubblici e privato di ridurre i consumi. Nearly Zero Energy Building è un edificio con un apporto energetico significativo da parte di impianti che utilizzano fonti rinnovabili e quindi può essere definito sostanzialmente indipendente dalle fonti fossili e che comunque ha ridotti consumi.

La definizione di nZEB data dalla Direttiva EPBD recast è di natura qualitativa ed il requisito è dinamico in divenire e necessita di una serie di azioni interpretative. La vicinanza a zero non è di facile applicazione in quanto all'edificio va associata una parametrizzazione per la "ottimalità dei costi" in modo che la prestazione energetica sia spinta tanto quanto risulta conveniente secondo una analisi costi-benefici estesa al ciclo di vita economico dell'edificio, quindi evolve nel tempo a seguito del mercato dell'energia e delle tecnologie delle costruzioni.

---

26 D. H. W. Li, L. Yang, J. C. Lam, Zero energy buildings and sustainable development implications – A review, Energy 54 (2013) 1-10

27 A. Hoseini, N. Dahlan, U. Berardi, A. Hoseini, N. Makaremi, M. Hoseini, Sustainable Energy performances of green buildings: A review of current theories, implementations and challenges, Renewable and Sustainable Energy Reviews 25 (2013) 1–17

Quindi il concetto di passive building ,ormai superato o quantomeno riduttivo, per cui un edificio deve consumare il meno possibile, dev'essere trasformato in una edificio sicuramente capace di consumare il meno possibile e utilizzare solo fonti rinnovabili, ma dev'essere anche un edificio attivo cioè capace di regolare, in base alle condizioni esterne e interne, il comfort globale degli utenti con il miglior rendimento energetico attuabile in quel momento, minimizzando i consumi.

Un principio alla base dell'edificio attivo è l'automazione degli impianti e di tutto quello che può essere regolato sull'involucro e per quel che riguarda gli elettrodomestici, infatti è stato riscontrato che gli utenti difficilmente sono in grado di gestire una complessità di fattori così eterogenei come la gestione dei consumi di un edificio e di attuare una serie di regolazioni e comandi necessari al corretto funzionamento dei meccanismi energetici di una edificio passivo, tenendo presente che le azioni di controllo richieste sono nella maggior parte dei casi di tipo ripetitivo (oscuramento superficie vetrate, ventilazione,controllo illuminazione, regolazione impianto ecc.).

Naturalmente un edificio attivo non si deve limitare alla sola gestione della funzione energetica e di climatizzazione, ma interviene sull'intera offerta di requisiti e prestazioni richieste.

Qui vi è una disamina di strategie utilizzate per la gestione ottimale di sistemi attivi come ad esempio:

- installare sistemi di regolazione automatica della temperatura ambiente (regolazione della temperatura a livello locale su ogni radiatore o collettore di zona con valvole termostatiche che riducono la portata del fluido termovettore caldo agli elementi radianti);
- installare sistemi di regolazione automatica della temperatura di mandata;
- utilizzare sistemi domotici per le luci che possono controllare e regolare accensione/spegnimento e l'intensità luminosa in risposta ad un segnale esterno (controllo manuale, presenza di persone, timer, luminosità esterna); tali sistemi si possono basare su interruttori manuali localizzati, sensori di presenza, timer, sensori di illuminazione diurna, regolatori di luminosità;
- installare sistemi domotici quali: sistema integrato di impianti tecnologici che ottimizzano la gestione, migliorandone la sicurezza, il comfort, e l'efficienza energetica dell'edificio stesso. I servizi che caratterizzano i sistemi domotici sono l'automazione e il controllo di illuminazione interna/esterna, termoregolazione, gestione

energia, attivazioni orarie.

Nei nuovi edifici avanzati un componente centrale del sistema di automazione dell'edificio è il BEMS (Building Energy Management Systems). Si possono fare degli esempi[28], come installare un sistema di controllo automatico integrato della casa o dell'edificio (soprattutto se progetto secondo criteri di bioclimatica) capace di gestire le aperture sulla facciata, il sistema di ombreggiatura, il sistema di trattamento dell'aria stanza per stanza, l'illuminazione artificiale e gli altri elementi utili, è indispensabile per ridurre i consumi e aumentare il comfort.

Avere impianti più efficienti e complessi significa anche doverli gestire opportunamente e sfruttarne appieno tutte le potenzialità e in quest'ambito che vi è la necessità di implementare sistemi di automazione e di gestione dell'edificio. Quindi grazie all'introduzione dei sistemi BEMS, attraverso la misura, l'analisi ed il controllo è garantita anche l'efficienza energetica dell'edificio.

L'utilizzo di queste tecnologie lo ritroviamo anche nella norma europea EN15232, intitolata "Prestazione energetica degli edifici - Incidenza dell'automazione, della regolazione e della gestione tecnica degli edifici", che indica, con una scala che va da A a D, l'influenza dell'automazione e della gestione degli edifici sul consumo energetico.

Con la sola applicazione di tale strumento si può arrivare ad un risparmio che può arrivare fino al 50-60% con l'automazione dell'illuminazione, fino al 15-20% di risparmio con l'automazione del riscaldamento, e fino al 40% con l'automazione della ventilazione e così via.

Rendere costante su un piano di lavoro l'illuminazione, ad esempio su un valore di 500 lux, può essere un primo esempio di applicazione.

A tale scopo, un sensore misura l'intensità luminosa; in funzione dello scostamento di questo valore rispetto al livello di luce necessario, un regolatore imposta il valore per gli attuatori che aumentano o riducono la luminosità degli ambienti. Un ulteriore accorgimento è quello di sfruttare i rilevatori di presenza, utilizzati nel controllo dell'illuminazione, per comandare simultaneamente il termostato ambiente in modalità "assenza" quando un ambiente è vuoto per un periodo prolungato. Se l'ambiente non è occupato, l'illuminazione si spegne automaticamente nel caso in cui qualcuno abbia dimenticato di spegnerla manualmente. In funzione delle reali condizioni degli edifici e del loro utilizzo, questi due tipi di intervento possono già condurre ai valori di risparmio sopra indicati.

---

28 http://www.fire-italia.it/caricapagine.asp?target=forum/telecontrollo.asp

Per la regolazione automatica della temperatura ambiente al livello di temperatura richiesta si utilizzano elettrovalvole oppure posizionatori elettrotermici per valvole controllabili attraverso il sistema di automazione. Per evitare inutili consumi energetici durante la ventilazione le elettrovalvole si chiudono automaticamente finché una finestra rimane aperta; la posizione delle valvole può essere utilizzata per indicare il fabbisogno di riscaldamento o raffrescamento nell'edificio.

L'esperienza pratica mostra che la riduzione della temperatura ambiente di 1°C può ridurre il consumo dell'energia per il riscaldamento del 6%. Se la temperatura ambiente viene ridotta di 3 °C nel periodo di assenza, è possibile risparmiare il 18% dell'energia per il riscaldamento nel locale non occupato. Dato che di norma la variazione di temperatura avviene lentamente, questa forma di controllo è utile, in particolar modo, per periodi di assenza prolungati.

In un'ottica smart city avere degli edifici attivi capaci di dialogare con la rete esterna è un vantaggio notevole, basti pensare che con il condizionamento estivo è causa di notevoli sovraccarichi della rete elettrica di distribuzione con conseguente rischio di black-out elettrici. In particolare, il rischio è di dover aumentare significativamente la potenza installata senza un corrispondente aumento del consumo con il risultato di un costo dell'energia più alto.

Così se riusciamo ad avere una previsione di carico sulla rete, in un orizzonte temporale vario, potremmo ridurre i rischi di interruzione sulla rete, e nelle smart grid una previsione accurata e robusta permetterebbe di ottenere un maggiore controllo e flessibilità rispetto alle reti odierne e si potrebbero limitare i problemi derivanti da picchi inattesi. L'abilità di predire i comportamenti futuri degli utenti e le loro richieste è una parte necessaria dell'intelligenza richiesta dalle Smart Grids, dove le tecnologie dell'informazione sono molto utilizzate. Quindi l'uso intenso della Generazione Distribuita presenta delle nuove sfide, come il bisogno di un "Intelligenza Distribuita" che permetta di gestire tutte le informazioni prodotte in luoghi diversi da sistemi differenti.

Cool roof

I cool material (materiali freschi) grazie ad un'elevata riflettanza solare non si riscaldano molto sotto la radiazione solare così come avviene normalmente per tutti gli altri materiali. Avendo una elevata capacità di riflettere la radiazione solare incidente sul materiale e una elevata emittenza termica cioè elevata capacità di emettere calore nella lunghezza d'onda dell'infrarosso.

Questi materiali sono utilizzati per le coperture e i tetti e sono in grado di abbassare le temperature superficiali rispetto a un normale rivestimento in modo da dare un cool roof, cosa che comporta una diminuzione dei flussi termici entranti nell'edificio così da portare ad una sensibile diminuzione del valore medio della temperatura interna dell'aria in ambienti non climatizzati o una riduzione dei consumi per raffrescamento in ambienti dotati di impianto di climatizzazione estiva.

In un ambito smart city e quindi in un'area urbana se utilizzassimo su un'area vasta questi materiali su tutte le superfici avremmo sicuramente un risparmio energetico dei singoli edifici ma anche la mitigazione dell'effetto di isola di calore urbana legato all'alta riflettanza solare che contribuisce alla riduzione della temperatura dell'agglomerato abitativo.

Da esperimenti fatti anche dall'Enea le temperature di un tetto convenzionale sono all'incirca di 60° C mediamente di giorno e con l'applicazione di un tale rivestimento tipo Cool Roofing si può diminuire fino al 30% la temperatura interna degli ambienti sottostanti, con notevoli benefici sulla riduzione dei consumi. Il Cool Roof può essere applicato anche su pareti verticali o su impianti di condizionamento; su una copertura su cui è stato installato un impianto fotovoltaico si otterebbe un beneficio indiretto sulla produzione di energia elettrica.

Infine poiché questi materiali sono chiari potremmo ridurre la potenza degli impianti di illuminazione esterna a parità di prestazione illuminotecnica, avendo risparmi anche sull'illuminazione.

Quindi i cool material trovano applicazione anche per le pavimentazioni di spazi urbani aperti (strade, piazze, ecc.) con elevate potenzialità di risparmio energetico conseguibili su scala urbana e di edificio, oltre che materiali termoriflettenti.

Nuovi materiali per l'involucro edilizio

Nell'edilizia ormai è sempre più importante investire maggiormente sull'involucro rispetto a fare investimenti su impianti più efficienti, in quanto se un edificio è molto disperdente si rischia di disperdere energia verso l'esterno anche se con impianti più efficienti. E' importante determinare il rendimento energetico dei componenti dell'involucro edilizio, compresi i muri esterni, pavimenti, tetti, soffitti, finestre e porte, per determinare quanta energia è necessaria per il riscaldamento ed il raffrescamento.

La foto mostra una termografia di un edificio di Bologna: le differenze cromatiche che delineano strutture orizzontali e verticali, pilastri e solai, evidenziano ponti termici e dispersioni. Sono inoltre visibili dispersioni dai serramenti (fonte: Legambiente)

La tecnologia su nuovi materiali isolanti è in costante evoluzione infatti i migliori isolanti disponibili oggi sul mercato hanno valori di conducibilità termica nell'ordine dei 30 mW/mK, contro i cosiddetti materiali superisolanti che sono in grado di migliorare notevolmente tali prestazioni: i pannelli isolanti con aerogel[29] utilizzati nell'aerospazio possono arrivare a 13 mW/mK, e i pannelli isolanti sotto vuoto hanno delle performance addirittura di 7 mW/mK e livelli simili sono nel mirino di nano schiume poliuretaniche attualmente in fase di sviluppo.

Il miglioramento della prestazione dei componenti[30] opachi avverrà anche grazie al controllo solare, tramite cool materials, cioè aumentando la riflettanza. I materiali termocromici sono ancora più innovativi, in quanto in grado di cambiare colore in funzione della temperatura superficiale: diventano bianchi quando la temperatura supera un determinato valore, per tornare alla gradazione cromatica originale quando si raffreddano.

Queste tecnologie sono ormai presenti sul mercato da decenni ma il costo ne limita l'utilizzo di massa, anche se i materiali a cambiamento di fase sicuramente migliorano l'inerzia termica della struttura.

Per quanto riguarda l'involucro trasparente, quali finestre, infissi ... gli

---

29 http://www.antonio.licciulli.unisalento.it/Corso_Ceramici/download/aerogel2.pdf
30 www.enea.it/it/produzione-scientifica/pdf-volumi/VRAEE_2012.pdf

obiettivi sono:

- spingere ulteriormente l'isolamento termico passando a vetrazioni multiple per climi freddi;

- migliorare la selettività del componente vetrato per climi caldi (rapporto tra trasmittanza luminosa e fattore solare dal valore attuale di circa 2 da incrementare fino a 3).

Ormai la tecnologia ha raggiunto ottime performance nell' isolamento termico per gli infissi di legno, alluminio e PVC ed è attesa una riduzione dei valori di trasmittanza termica dei profili fino a 1 W/m²K. I vetri elettrocromici sono molto innovativi, però i costi proibitivi li relegano ad applicazioni di nicchia; maggiore riscontro si ha per il fotovoltaico trasparente che comincia ad avere applicazioni maggiori, sfruttando tecnologie consolidate (silicio) o innovative (film sottili, DSSC, PV organico con diverse tecnologie di deposizione).

Sicuramente di grande interesse è la movimentazione dei sistemi schermanti, con richiesta sempre maggiore di controllo in funzione di diverse strategie e con sistemi di gestione collegati ai diversi servizi energetici degli edifici.

ENERGY COMMUNITY

Il concetto di Energy Community[31] (EE)è stato sufficientemente spiegato in un recente rapporto dell'Energy Strategy Group e fa riferimento ad un insieme di utenze energetiche che decidono di effettuare scelte comuni dal punto di vista del soddisfacimento del proprio fabbisogno energetico, al fine di massimizzare i benefici derivanti da quest'approccio collegiale, grazie all' implementazione di soluzioni tecnologiche per la generazione distribuita di energia e la gestione intelligente dei flussi energetici.

Queste sono le categorie che maggiormente possono essere interessate alla definizione di una EE:

- utenze in ambito residenziale, (condomini, complessi residenziali,...);
- utenze in ambito industriale, (distretti industriali, ASI, ...);
- utenze in ambito terziario, (centri commerciali/logistici, complessi ospedalieri, ...).

---

31 http://www.energystrategy.it/Smart grid Report 2014

Si possono avere delle categorie omogenee oppure miste nell'aggregazione delle EE, sia sotto il profilo merceologico che sotto il profilo dei carichi elettrici e termici.

Le utenze energetiche presenti all'interno della EE avranno dei notevoli vantaggi, quali il miglioramento della power quality cioè della qualità e dell'affidabilità della fornitura di energia (senza più black out oppure sbalzi di tensione), e l'ottimizzazione della spesa per l'energia, in quanto per le utenze vi sarà una notevole riduzione delle bollette, anche grazie ad acquisti in gruppo. Ogni utenza energetica a seconda delle sue specificità avrà diversi benefici dall'appartenere alla EE, il cui peso relativo permette di caratterizzare le aggregazioni di utenze energetiche e, conseguentemente, di individuare la configurazione di Energy Community più appropriata.

Naturalmente occorrono delle tecnologie abilitanti per poter progettare e utilizzare una EE quali:

- impianti di produzione dell'energia, quindi un sistema impiantistico capace di rispondere alle esigenze della EE;

- gestione, controllo e monitoraggio dei flussi energetici, ossia tecnologie che consentono di controllare da remoto gli asset di produzione/distribuzione/accumulo/consumo di energia presenti all'interno dell'Energy Community e di gestire i flussi energetici all'interno della stessa;

- reti di distribuzione sia dei flussi energetici che di quelli informativi, ossia smart grids che consentono di distribuire i flussi energetici ed informativi tra gli asset di produzione/accumulo/consumo di energia ed i sistemi di gestione all'interno dell'Energy Community.

Attualmente il mercato è evoluto molto sul lato della produzione distribuita e quindi dal lato dell'offerta ad eccezione dei servizi di stoccaggio ma non si è integrato dal lato della domanda, e nella EE la novità è che utenze che erano separate in una rete passiva passano da un approccio "individuale" nella gestione dell'energia ad uno "integrato" in una rete attiva, e per la sua implementazione occorre avere una smart grid.

Dal punto di vista dello storage in Italia è in corso il progetto di Terna[32], il gestore della rete di trasmissione nazionale,nell'implementazione di sistemi power ed energy intesive su scala nazionale che ben si integrano nella

---

32 http://www.terna.it/default/Home/AZIENDA/chi_siamo/Terna_Storage.aspx

gestione efficace di EE. I sistemi cosiddetti power intensive risultano maggiormente adatti in quegli ambiti ove risulta prioritario il miglioramento della qualità e dell'affidabilità della fornitura di energia, viceversa i sistemi cosiddetti energy intensive (come ad esempio le batterie al piombo o al sale) sono più adatti ove la priorità risiede nell'ottimizzazione della spesa per l'energia, specie nei casi dove è prevista un'importante presenza di impianti alimentati da fonti rinnovabili non programmabili[33].

Attualmente in Italia e nel mondo sono pochi i casi di EE e in particolare in Italia si potrebbero considerare tali le cosiddette Reti Interne di Utenza e le Cooperative storiche dell'energia. Tuttavia, in base alla regolamentazione vigente non risulterebbe possibile realizzarne di nuove, e i casi censiti di EE sono soprattutto sperimentali e riguardano l'introduzione di nuove tecnologie.

Un esempio emblematico fa riferimento al progetto "SCUOLA" (acronimo di Smart Campus as Urban Open LAbs) recentemente promosso dal Politecnico di Milano in collaborazione con l'Università di Brescia, A2a ed altre 12 imprese, avente l'obiettivo di realizzare una Energy Community all'interno di un campus universitario. Il cuore[34] del progetto è la rete elettrica, che mira ad accrescere la sua intelligenza mediante l'introduzione di innovativi sistemi di comunicazione, di controllo e gestione, di sensoristica/automazione/protezione, e di moderni meccanismi di attuazione con l'obiettivo di supportare il funzionamento efficiente e coordinato del sistema e di fornire vantaggi diretti ai cittadini.

Un altro progetto simile è la Smart Polygeneration Microgrid[35] presso il Campus di Savona dell'Università di Genova, da parte dell'Università stessa in collaborazione con Siemens.

Un punto in comune di questi progetti è che si è creata una filiera industriale insieme all'università e alle società di costruzione per poter creare una EE, a riprova che ci vogliono differenti competenze anche tecnologiche per poterla sviluppare e non ultime le difficoltà nella regolamentazione.

Quindi vi è un approccio collegiale e multidisciplinare dal punto di vista impiantistico, della regolazione, e della gestione dell'energia per l'utente

---

33 http://www.aeit-taa.org/Documenti/AEIT-TAA-2013-05-22-Trento-Present-AEEG-Larzeni.pdf

34

  http://www.euroimpresa.it/sites/default/files/Delfanti_Politecnico%20di%20Milano.pdf

35 http://www.es.sv.it/index.php?id=1985

finale.

L'implementazione di una EE dev'essere valutata attentamente, poiché sicuramente può presentare vantaggi economici per effetto scala degli investimenti e benefici riguardanti le sinergie che si riescono ad ottenere dall'unione di più utenze, ma sconta una serie di sicure criticità.

RETI ELETTRICHE

Efficienza della rete elettrica pubblica. "Smart Grid" in contesto urbano

Le Smart Grids è una delle infrastrutture indispensabili nell'ambito di una pianificazione smart city in chiave efficienza energetica. La rete elettrica dev'essere gestita in ottica smart, visto anche il repentino incremento della generazione diffusa negli ultimi tempi.

La rete elettrica diventa smart in questi anni poiché deve garantire l'integrazione degli impianti di produzione da fonte rinnovabile e inoltre deve abilitare nuovi servizi a valore aggiunto per i cittadini, come l'"Active on Demand" e la mobilità elettrica diffusa, quindi si devono introdurre degli strumenti per far interagire in tempo reale i diversi soggetti attivi nella rete elettrica, con scambi di informazioni in modo da poter valutare le diverse offerte di servizi da erogare.

Le Smart Grid, sono delle reti elettriche che hanno anche una componente importante di informatica che permette una comunicazione bidirezionale rispetto alle tradizionali reti elettriche che erano unidirezionali e un'effettiva integrazione della generazione distribuita rappresentata per la maggior parte da fonti rinnovabili, queste rappresentano il paradigma del futuro nella produzione e distribuzione urbana dell'energia. Le smart grid, quindi, migliorano la gestione dell'energia elettrica e la sua distribuzione, essendo presente un monitoraggio costante dei consumi elettrici e della produzione, accompagnando il cliente finale nella trasformazione in un prosumer (produttore/consumatore), in grado di vendere e accumulare anche l'energia prodotta e partecipare attivamente al mercato energetico in una maniera dinamica.

Oltre l'aspetto software vi è anche la presenza di sistemi di immagazzinamento dell'energia decentralizzati, che sono essenziali per l'integrazione nella rete della generazione distribuita. I contatori intelligenti sono tecnologie abilitanti importanti nello sviluppo della smart grid, ed anche le interfacce del sistema nelle abitazioni, le Advanced Metering Infrastructure (AMI), che consentono di stabilire un canale di comunicazione tra sistema di controllo e sistema di informazione e il Demand Side Management, software di intelligence capace di incrociare in real-time domanda e offerta.

Tra le azioni da intraprendere in chiave smart grid vi sono:

- l'ottimizzazione del sistema di distribuzione dell'energia elettrica, al fine di migliorarne l'affidabilità e l'efficienza energetica ed operativa ed ottenere una miglior organizzazione dei carichi con coordinamento della produzione e consumo di energia degli edifici come prosumer di una Virtual Power Plant;
- sistemi di accumulo (statico e dinamico);
- integrazione della generazione distribuita e in particolare da fonti di energia rinnovabili (FER) nelle infrastrutture di ricarica per veicoli elettrici, ad uso car sharing (es. tettoie fotovoltaiche);

Con una massiccia penetrazione della generazione distribuita è nata una forte necessità di passare ad una rete attiva e quindi smart, quindi capace oltre di gestore i nuovi flussi di energia anche di capire le reale esigenze del consumatore istantaneamente, il funzionamento di una rete di distribuzione resa attiva (Smart Grid) richiede pertanto l'impiego di "controllori" capaci di monitorare le condizioni complessive del sistema, di risolvere le problematiche di intervento delle protezioni, di controllare i parametri di qualità del sevizio di distribuzione (livelli di tensione, compensazione delle armoniche, ecc.), ed eventualmente coordinare il passaggio a regimi di funzionamento particolari della rete (ad esempio, l'operatività in isola di porzioni del sistema di distribuzione).

Nella Smart Grid vi sono molti attori e molto importanti, anche chi ha un controllo real time sui consumi domestici, come gli operatori elettrici. Infatti abbiamo

- Energy provider, che conoscendo le curve di carico può proporre delle tariffe personalizzate sulle reali esigenze dei consumatori senza avere sprechi di energia. Potrebbe addirittura interfacciarsi con gli elettrodomestici casalinghi e operando da remoto decidere di accenderli o spegnerli a suo piacimento per poter operare delle grosse riduzione sui prezzi di fornitura;

- Operatore di rete, che può gestire meglio il carico con una curva di distribuzione nel tempo più appiattita e con minori picchi. Quando si hanno numerosi picchi si devono mettere in preventivo i costi ancillari per tutte le centrali di riserva il che aumenta i costi di gestione per il mantenimento del nostro mercato dell'energia. Il sistema avrà un sistema di controllo e quando sarà necessario consumare meno energia provvederà ad inviare impulsi ai sensori.

- Il provider dei sensori e dei contatori che inizialmente avrà notevoli costi di investimento per l'installazione delle apparecchiature, che potrà recuperare nel tempo da tutti gli attori che dal sistema invece traggono enormi benefici.

- L'utente finale, che sarà incentivato ulteriormente a migliorare il proprio comportamento e le proprie abitudini di consumo, avendo enormi vantaggi sul costo della bolletta.

Enel[36] in un progetto sperimentale di smart grid per le città di Genova e Bari all'interno del percorso dell'implementazione della Smart City ha già perseguito i seguenti obiettivi:

- è stata potenziata la rete elettrica mediante misuratori intelligenti e interventi tradizionali (automazione e controllo avanzato,costruzione di nuovi impianti con tecnologie "intelligenti", ecc.) per abilitare maggiore capacità di connessione delle fonti energetiche rinnovabili e aumentare la qualità del servizio fornito all'utente;

- interventi per diffondere la mobilità elettrica , illuminazione pubblica efficiente ed edifici intelligenti;

- implementazione dell' "Active on Demand" (controllo del carico, abilitazione nelle case dei clienti di sistemi di gestione dell'energia e di elettrodomestici intelligenti, smart info, informazioni sui consumi su personal computer, display dedicati, televisore, elettrodomestici);

- Creazione di nuovi servizi con una nuova piattaforma: Integrazione di elettrodomestici intelligenti, Abilitazione di tariffe in tempo reale;

Infine questi sono i benefici attesi nell'implementazione di una smart grid nella smart city[37]:

---

36 eneldistribuzione.enel.it/it-IT/smart_cities_mondo
37 http://www.aeit.it/man/aeit_20130412Fi/007_massucco.pdf

- Aumento della capacità di integrazione delle fonti energetiche rinnovabili e migliore gestione dei flussi di energia in area urbana
- Avanzata automazione di rete
- Abilitazione di nuovi servizi (es.: Active Demand, integrazione FER, etc.) che rendono attivo il cliente finale
- Ottimizzazione delle curve di carico e regolazione della tensione
- Supporto tecnologico alla diffusione dei veicoli elettrici
- Predisposizione della rete per accogliere soluzioni avanzate "Building to grid"
- Efficienza energetica
- Riduzione delle emissioni di CO2

Micro Grid in contesto locale

Le Micro Grid sono luoghi all'interno della città energeticamente bilanciati quali edifici ospedalieri, università ,centri commerciali ..., in grado di produrre energia in modo autonoma. Sono ottime soprattutto quando si vogliono progettare delle reti isolate.

Una Micro Grid può essere definita come un sistema di distribuzione a scala locale formato da generatori e carichi, cioè un insieme di carichi e sorgenti di energia che operano come un singolo sistema, controllabile con lo scopo di fornire energia elettrica e calore all'area locale.

Una Micro Grid può avere due tipi di funzionamento:

- autonomo (isolato), cioè totalmente separato dalla rete e dal sistema di distribuzione principale ;
- non autonomo, cioè collegato alla rete.

Una Micro Grid formalmente é gestita da un centro di controllo, che monitorizza la domanda/offerta di energia e ottimizza l'utilizzo dei diversi generatori distribuiti e dei carichi.

Comunque una micro grid può anche prendere energia dalla rete oppure vendere energia alla rete, oppure lavorare in maniera autonoma immagazzinando l'energia.

Quindi deve essere capace di gestire le operazioni di entrambi i due stati di lavoro: funzionamento normale, ovvero rete connessa, e funzionamento isolato, senza connessione alla rete.

La tendenza moderna è quella di progettare Micro Grid collegate alla rete per la maggior parte del tempo, ad eccezione per quelle costruite ad isolamento fisico dalla rete principale, in modo tale da sfruttare la rete come accumulo, fare a meno dei servizi ancillari, e massimizzare i vantaggi offerti dalle Micro Grid in stato normale (cioè connessa), cioè quando è capace di "comunicare" con il resto della rete.

Quando la Micro Grid lavora in isolamento dalla rete e per lunghe durate di operatività in stato isolato, si deve tener conto che vi sono grandi richieste di dimensioni di accumulo e grande capacità di lavoro delle microgenerazioni, e questo può portare ad un aggravio di costi.

La Micro grid nella gestione di carichi e generazione locale sia termici che elettrici può prendere parte al mercato dell'energia e, in futuro, anche a quello dei servizi ancillari,se si vede la micro rete come una piccola centrale di produzione, essendo poi di supporto alla rete pubblica anche in momenti di black out.

La forza delle microgrid è anche in questi aspetti, quindi è importante avere un sistema energetico limitato geograficamente e composto da impianti di generazione distribuita, carichi e eventuali sistemi di accumulo di energia elettrica e termica che può avere una sua autonomia oppure dialogare con la rete.

La Virtual Power Plant per aumentare l'efficienza del sistema energetico

Grazie alle nuove frontiere offerte da internet e dall'Information Technology oggi è possibile avere una gestione sofisticata dei flussi di energia, tramite il "Virtual power plant" (VPP)[38], cioè virtualmente si ha un impianto di generazione che in realtà è costituito fisicamente da più impianti di generazione distribuiti sul territorio, collegati e gestiti attraverso una rete virtuale intelligente.

Quindi, allo stato fisico abbiamo più impianti di produzione e/o di utenze elettriche integrati e aggregati tra di loro che possono agire come una singola unità verso il sistema esterno. Il VPP naturalmente può essere composto da una eterogeneità di unità di generazione anche molto diverse tra di loro quali impianti eolici, idroelettrici,fotovoltaici, a biomasse etc e può comprendere anche centri di consumo diversi tra di loro.

Le unità possono essere dislocate in un'unica area (e si può si ricadere in questo caso nella microgrid descritta in precedenza) o a grande distanza tra loro (si parla in questo caso di VPP). Il mercato, cioè il gestore dell'energia

---

38 http://www.iaeeu2012.it/pdf/Riverosppt.pdf

vedrà la VPP come un unico operatore, che potrà produrre oppure consumare energia, creando un profilo operativo dalla composizione dei parametri caratteristici di ogni unità, incorporando vincoli anche non direttamente legati alla produzione di energia elettrica, quanto piuttosto imposti da eventuali processi industriali legati alla generazione presente nella VPP (ad esempio generazione combinata di energia elettrica e termica).

La Commercial Virtual Power Plant (CVPP) si caratterizza per aggregati di operatori che vogliono partecipare al mercato, la Technical Virtual Power Plant (TVPP) è un aggregato non solo commerciale ma che tiene in conto i vincoli operativi di rete, ottenendo così dei piani di produzione/consumo implicitamente rispettosi dei requisiti di esercizio del sistema di distribuzione elettrica.

Un CVPP (a meno di vincoli legislativi o tecnici) è distribuito anche su un vasto territorio e ciascun utente è libero di scegliere a quale CVPP fare riferimento per partecipare al mercato elettrico sia di vendita che di produzione di energia. Il CVPP, partendo dalla conoscenza di tutte le caratteristiche tecniche ed economiche degli operatori che lo compongono, presenterà le proprie offerte al mercato elettrico e interagirà con esso con l'obiettivo o ridurre l'onere economico associato al prelievo della stessa o di massimizzare la valorizzazione economica dell'energia immessa in rete. In base poi agli esiti di mercato e all'energia effettivamente scambiata da ogni unità (che può essere diversa da quella programmata, come capita per gli impianti di produzione da fonte rinnovabile non programmabile o FRNP), saranno stabilite le partite economiche relative ai singoli utenti.

L'aggregazione di più unità di Generazione Distribuita,si pensi a tanti piccoli impianti fotovoltaici all'interno di un Comune si possono assimilare ad una unica centrale con maggiore capacità produttiva,portando un superamento della taglia minima per l'accesso al mercato elettrico liberalizzato, impegnandosi così alla fornitura di uno specifico andamento temporale di potenza.

Sistemi efficienti di Utenza (SEU)

Con il D.Lgs n. 115/08, come modificato dal decreto legislativo n. 56/10 sono stai definito i Sistemi Efficienti d'Utenza (SEU): "in cui un impianto di produzione di energia elettrica, con potenza non superiore a 20 MWe e complessivamente installata sullo stesso sito, alimentato da fonti rinnovabili ovvero in assetto cogenerativo ad alto rendimento, anche nella titolarità di un soggetto diverso dal cliente finale, è direttamente connesso, per il tramite di un collegamento privato senza obbligo di connessione di terzi, all'impianto per il consumo di un solo cliente finale ed è realizzato all'interno dell'area di proprietà o nella piena disponibilità del medesimo cliente".

In sintesi sono un sottoinsieme dei sistemi di autoapprovvigionamento energetico. Con l'introduzione di questi sistemi si hanno enormi benefici in termini di tariffe sull'autoconsumo e sulla quota di dispacciamento dell'energia, così come anche per i corrispettivi per la trasmissione e la distribuzione, e agli oneri generali di sistema.

Allo stato vi sono numerosi ostacoli, sia finanziari che di regole applicative, ma vi sono già numerosi operatori che si stanno muovendo e si muoveranno in questa direzione.

Le potenzialità sono enormi, soprattutto per gli impianti fotovoltaici, anche perché lo scambio sul posto è stato portato a 500 kW, permettendo la diffusione nella fascia fino a 500 kW di impianti commerciali.

RETI IDRICHE

Acquedotti più Intelligenti

Si può schematizzare semplicemente il Sistema Idrico Integrato (SII) di una qualsiasi città italiana così come rappresentato dalla figura sottostante[39] e seguire il percorso dell'acqua (dall'ambiente al luogo di utilizzo o, viceversa, dal luogo di utilizzo verso l'ambiente).

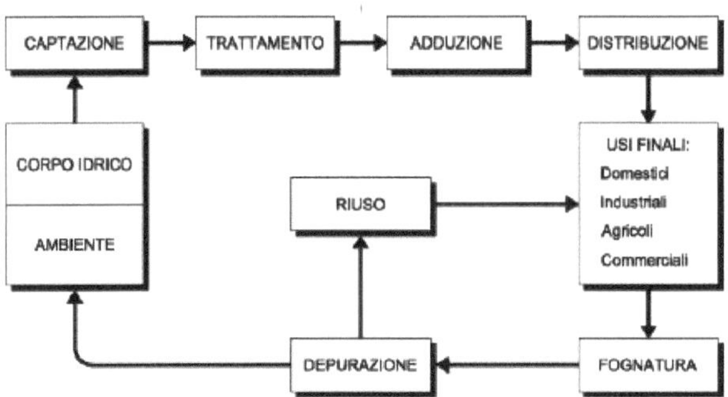

In realtà le configurazioni impiantistiche sono diverse tra di loro ma quella indicata di seguito è la classica che comunemente possiamo ritrovare nelle nostre reti:

---

39 blogcertificatibianchienea.weebly.com Guida Operativa C.B. S.I.I.

- captazione con impianti che estraggono l'acqua da differenti corpi idrici oppure da falda per renderla disponibile all'utente finale previo trattamento e trasporto.

- trattamento di potabilizzazione che rendere la qualità dell'acqua captata potabile .

- Seguita poi da adduzione e distribuzione per arrivare gli usi finali per poi proseguire nell'ambiente attraverso il ciclo depurativo e la fognatura.

Negli acquedotti italiani vi è una grande carenza , o quantomeno la scarsità di apparecchiature di misura e controllo su tutta la rete, molti acquedotti sono totalmente privi dei più elementari mezzi di controllo delle portate e delle pressioni e sono per lo più affette da anomalie dovute alla mancata manutenzione nei casi in cui queste strumentazioni siano presenti.

Esistono diversi sistemi che possono essere utilizzati per migliorare questa condizione e per rendere un sistema acquedottistico intelligente:

- installare un sistema intelligente di monitoraggio consente di individuare perdite occulte e consegna dell'acqua all'utenza sempre regolare, basti pensare che le perdite in Italia sono dell'ordine del 40-60% con aggravio anche dei costi energetici, oltre gli sprechi.

- regolazione "intelligente" della pressione di esercizio degli acquedotti che consentirebbe di dimezzare le perdite ed i guasti di rete e di ridurre i consumi energetici, programmata ed attuata molto più facilmente con questi sistemi.

- manutenzione programmata consentirebbe una drastica riduzione delle perdite ed un miglioramento netto dell'efficienza energetica della rete.

Si possono risparmiare quantità di elevate energia in funzione dell'acquedotto considerato con una gestione intelligente delle perdite. Con percentuali di perdite in aumento sulle nostre reti, abbiamo maggiori volume di acqua da trattare, sollevare e spostare per garantire il medesimo volume consegnato all'utenza. Se la produzione ed il trasporto dell'acqua richiedono elevati consumi energetici, quest'ultimi possono essere fortemente ridotti eliminando le perdite.

La gestione delle pressioni per esempio fornisce un contributo determinante nella riduzione delle perdite, attraverso la riduzione automatica delle pressioni nei momenti di scarsa richiesta d'acqua. Molte volte si considerano interventi quali la riparazione o sostituzione delle condutture interessate dalle perdite, mentre in alcuni casi il controllo automatico della pressione può risultare più economico o quantomeno si può integrare. Un discorso analogo alla riduzione delle perdite può farsi per le acque di riuso o di recupero.

Con l'introduzione di sistemi automatici per la rilevazione/misurazione delle grandezze ed il loro adattamento automatico in tempo reale può dare luogo a riduzioni dei consumi energetici. Basti pensare all'elevata variabilità della fornitura del servizio nel corso della giornata, della settimana e dell'anno (variazione della richiesta d'acqua e dei carichi inquinanti) che richiede una corrispondente variazione delle condizioni operative degli impianti. Se gli impianti sono tarati in corrispondenza delle prestazioni di servizio richieste, il consumo di energia è vicino a quello minimo indispensabile.

Hera[40] sta sviluppando un progetto sperimentale interessante sulla smart water, per il monitoraggio permanente delle perdite, in reti di distribuzione idrica. Si tratta di sensori ad idrofono installati su idranti che, tramite un sistema di trasmissione remota di dati ed allarmi, sono in grado di rilevare in modo continuo il manifestarsi di perdite sulla rete attraverso la rilevazione di anomalie nel suono, garantendo così tempestive riparazioni. Gli idrofono possono arrivare a individuare perdite anche fino a 500 – 600 metri di distanza, con l'installazione di una decina di sensori si coprirà una rete distributiva di svariati chilometri a servizio.

Hera, ma non è la sola in questo settore, sta sviluppando altri progetti tra i quali la localizzazione automatica delle perdite idriche su allacciamenti, che si sta concretizzando con lo sviluppo di un apparato basato su un sensore con accelerometro (sensibile alle vibrazioni della condotta) ed un sistema di elaborazione dati sviluppato internamente da Hera.

Modifiche di layout e recuperi energetici

L'energia che serve al funzionamento delle reti idriche dipende in termini generali dalla topografia del territorio tra la sorgente e la destinazione d'uso (in particolare il dislivello), dalla distanza della sorgente, e dall'integrità delle tubazioni.

40

    http://www.gruppohera.it/gruppo/com_media/dossier_smartcities/articoli/pagina4 0.html

Poiché la rete e gli impianti sono il risultato di realizzazioni il cui schema è nato per sovrapposizioni successive di schemi impiantistici a partire da più di un secolo fa, sono molti i possibili miglioramenti dell'efficienza energetica legati alle modifiche del layout. Tra gli esempi di modifiche di layout vi sono:

- ampliamento della captazione di acque di sorgente al posto di acque sotterranee;

- sostituzione dei serbatoi pensili con quelli interrati e con il sistema idropneumatico;

- sostituzione di tubazioni a perdita di carico ridotta;

- riorganizzazione delle portate di sollevamento ai serbatoi.

Nelle reti idriche si possono sfruttare i dislivelli con delle centrali idroelettriche, oppure inserirle laddove vi sono valvole di regolazione.

Altri esempi possono riguardare la linea fanghi con la riduzione del carico organico pervenuto al comparto di ossidazione (per esempio potenziando la sedimentazione) in presenza di digestione anaerobica dei fanghi.

Una riduzione sul consumo di energia dei sistemi di pompaggio e aerazione può essere ottenuta intervenendo tramite:

- adozione di avviatori per motori elettrici (per limitare le correnti di avviamento);

- riduzione del diametro delle giranti in caso di pompe sovradimensionate;

- riavvolgimento dei motori elettrici;

- sostituzione di pompe e aeratori inefficienti con altri più efficienti;

- adozione di variatori di velocità (inverter) sia su motori asserviti a pompe che a compressori.

I fanghi di depurazione delle acque reflue e le stesse acque reflue possono essere utilizzati per effettuare recuperi di energia anche tramite impianti di produzione di biogas, che può essere utilizzato per produrre energia oppure biometano per autotrazione.

Le tipologie di trattamento fisico, chimico o biologico cui sono sottoposte le acque potabili o le acque reflue sono molto numerose e varie nel sistema idrico e consumano molta energia. Si può avere una riduzione del consumo elettrico con l'efficientamento della prestazione tecnica dei comparti dell'impianto.

L'introduzione di un sistema di aerazione a bolle fini, al posto dei sistemi di aerazione tradizionale (es. turbine superficiali, aeratori sommersi, ecc.), nelle vasche di ossidazione biologica a fanghi attivi è un esempio di intervento efficiente .

Il miglioramento della fase di sedimentazione primaria nella digestione anaerobica dei fanghi è un altro esempio e altre tipologie di intervento sono legate agli efficientamenti della disidratazione meccanica dei fanghi di depurazione.

RETE GAS

Salti di pressione: Turboespansore

Attualmente nella rete del gas metano esistono delle cabine primarie di decompressione poiché sulla rete nazionale il gas viaggia con pressione dell'ordine di 30-60 bar e invece nelle rete di distribuzione cittadine con pressioni dell'ordine di 5 bar (questo per per problemi di sicurezza previste dalla norma al fine di minimizzare il rischio d'esercizio e dando anche minori costi relativi alla posa delle reti) .

Queste decompressione sono fatte tramite valvole di laminazione che dissipano pressione. Nell'ottica smart city sarebbe possibile utilizzare dei turboespansori che recuperano energia, quindi si riducono gli sprechi energetici recuperando potenza nelle applicazioni con salti di pressione.

Il turboespansore[41] è una macchina che converte l'energia potenziale del gas compresso in energia meccanica recuperando l'energia resa disponibile dalla differenza di pressione esistente tra monte e valle della cabina primaria.

Per massimizzare l'efficienza energetica di questi impianti, nel comune di Ferrara è stato installato in aggiunta al turboespansore un cogeneratore utilizzato al posto delle tradizionali caldaie ad acqua calda per preriscaldare

---

41

  http://www.gruppohera.it/gruppo/attivita_servizi/business_energia/elettrica/mond o_hera_ee/-produzione/pagina7.html

il gas prima della riduzione di pressione. In tal modo oltre a risparmiare il gas delle caldaie è possibile produrre ulteriore energia elettrica oltre a quella prodotta dal turbo espansore.

Smart metering nel gas

Anche nel gas nello sviluppo della smart city la misura è fondamentale per raggiungere e controllare un buon grado di efficientamento delle reti.

Lo Smart Metering nelle reti gas infatti consente di:

- standardizzare i metri cubi di gas lungo la filiera del gas, introducendo diffusamente la conversione dei volumi misurati alle condizioni termodinamiche di riferimento (standard metri cubi);
- rinnovare il parco contatori gas a livello nazionale che molte volte è obsoleto;
- usufruire delle potenzialità e innovazioni tecnologiche introdotte con le nuove tecniche di misura;
- riportare la giusta attenzione e sensibilità di tutto il comparto verso la correttezza e l'affidabilità della misura: introduzione della validità temporale del bollo metrico e della marcatura CE per i contatori gas residenziali (Legge n.99/2009), introduzione della verifica periodica per i contatori gas di taglia superiore.

Questa tendenza dei contatori intelligenti ormai è già una realtà nel settore elettrico e ora anche nel settore gas si avrà un inarrestabile cambiamento in atto che porterà il contatore (utility meter) a una centralità nei sistemi di gestione delle reti di pubblica utilità.

Lo smart metering può servire sia come strumento per la misurazione dei risparmi conseguibili a seguito di interventi di efficientamento ed anche per effettuare controlli da remoto ed è ormai una tecnologia matura.

In generale con le nuove tecnologie di smart metering si avrà su una rete di sensori su tutta la rete per il monitoraggio in tempo reale dei consumi di luce, gas e acqua e quant'altro necessario. Sarà possibile intervenire anche da remoto tramite interfaccia con le tecnologie informatiche e di comunicazione per la regolazione delle utenze, esso consente di intervenire sugli impianti regolando lo scambio sia di energia sia di informazioni sul funzionamento dell'impianto, offrendo anche la possibilità di intervenire in caso di problematiche o guasti in modalità immediata, senza dover ricorrere all'intervento sul posto.

RETE TELERISCALDAMENTO

Caldo o freddo purché sia dalla rete. Sviluppo del teleriscaldamento e teleraffrescamento

Il teleriscaldamento è un elemento importante per la riduzione dei consumi e per l'aumento dell'efficienza energetica in Italia, così come anche rimarcato nella direttiva 27 sull'efficienza energetica. L' Italia non è un paese in cui è molto diffusa questa infrastruttura, come nei paesi nordici Europei, la cosa interessante è che gran parte degli operatori del settore del teleriscaldamento sono società controllate da Comuni, quindi la via per integrare il teleriscaldamento nello sviluppo della smart city è segnata. Tra questi i più importanti sono A2A S.p.A. e IREN S.p.A. (che da sole coprono circa la metà della volumetria teleriscaldata in Italia) e HERA S.p.A..

Un obiettivo importante nello sviluppo della smart city è sviluppare la rete del teleriscaldamento e/o teleraffrescamento, così che la rete possa essere uno strumento di integrazione e distribuzione dell'energia termica disponibile nel territorio e arrivare ad avere una Smart Thermal Networks (STN) cioè una rete di teleriscaldamento (TLR), massimizzando l'efficienza di utilizzo delle risorse fossili e rinnovabili impiegate e garantendo elevata continuità di servizio attraverso la:

- pianificazione o ulteriore estensione di una rete di teleriscaldamento;
- sviluppo combinato anche del teleraffrescamento;
- utilizzo di sistemi di accumulo termico e integrazioni con altre fonti rinnovabili.

Per teleriscaldamento[42] ("TLR"), si intende un sistema a rete, realizzato prevalentemente su suolo pubblico, al servizio di un comparto urbano esistente o programmato, destinato alla fornitura di energia termica (nella duplice valenza di "caldo" e "freddo"), prodotta in una o più centrali, ad una pluralità di edifici appartenenti a soggetti diversi, ai fini di climatizzazione di ambienti e di produzione di acqua calda ad uso igienicosanitario; la fornitura avviene sulla base di contratti di somministrazione e alla rete possono avere accesso tutti gli utenti che ne facciano richiesta, nei limiti di capacità del sistema.

---

42 http://www.agcm.it/trasp-statistiche/doc_download/4118-ic46testo-indaginepubb.html

Il teleriscaldamento e/o teleraffrescamento essenzialmente è una tubazione coibentata collegata ad un impianto centralizzato per fornire energia termica agli utenti che sono sparsi su tutto il territorio , un po' come una rete di gas. L'energia primaria può essere sia fornita sia da combustibili fossili o da una caldaia a biomassa, integrata anche da da collettori solari termici, da pompe di calore, da un impianto di cogenerazione oppure da sistemi combinati. Naturalmente la migliore combinazione non esiste, va valutata caso per caso a secondo della convenienza.

Normalmente la rete di teleriscaldamento è formata da una dorsale (rete primaria) da cui partono delle reti secondarie di utenza di distribuzione fino ad arrivare negli edifici degli utenti, da dove poi dipartono le colonne montanti interne.

Una rete che alimenta più utenti è molto più conveniente , dal punto di vista degli investimenti naturalmente e dei costi di gestione e manutenzione, rispetto a sistemi individuali (uno per famiglia o per condominio).

Vi sono i costi di gestioni e di manutenzione in una economia di scala, e la riduzione dell'investimento è dovuta al fattore di simultaneità ed agli investimenti ridondanti evitati.

Inoltre è possibile valutare anche una rete duale per il teleraffrescamento, le valutazioni delle città dove il teleraffrescamento è stato introdotto indicano una riduzione fino al 40% della capacità totale di raffreddamento installata.

Il teleraffrescamento può utilizzare alternative al raffreddamento tradizionale da elettricità di un refrigeratore a compressione. Le risorse possono essere: solare termico, raffreddamento naturale da mare aperto, laghi, fiumi o falde acquifere, conversione del calore in eccesso dell'industria, cogenerazione, incenerimento dei rifiuti con refrigeratori ad assorbimento o freddo residuo dalla rigassificazione di GNL. I sistemi di teleraffrescamento possono contribuire fortemente ad evitare i picchi di carico di elettricità durante l'estate.

MOBILITÀ

Mobility Management

Vi sono numerosi interventi che possono ridurre i consumi energetici nelle città, tra cui car sharing, come ad esempio l'attivazione di un servizio di trasporto collettivo dei dipendenti per gli spostamenti casa-lavoro, effettuato mediante navette di collegamento tra l'azienda ed i punti di raccolta in città, preferibilmente in luoghi di interconnessione con la rete di trasporto pubblico (es. stazioni metropolitane, capolinea autobus, ecc.).

Il servizio può essere proposto dall'azienda del trasporto pubblico locale oppure può essere fatto in proprio dalle aziende, ma per garantire il successo dell'iniziativa è importante che si coinvolga il maggior numero possibile di utenti.

Inoltre si devono incoraggiare i cittadini ad utilizzare la bicicletta o moto (anche elettrica o ibrida) come mezzi alternativi, di proprietà o sempre in sharing, rinunciando sempre di più all'auto per i propri spostamenti e utilizzando al massimo il trasporto pubblico locale.

Un altro intervento fattibile molto semplicemente e il "carpooling" cioè è l'utilizzo collettivo di uno stesso veicolo, di proprietà di uno dei suoi occupanti, per compiere uno stesso viaggio. Questo intervento è ottimo per persone che devono raggiungere uno stesso luogo in uno stesso orario.

Un'altra misura molto semplice è implementare una piattaforma web per facilitare la formazione di equipaggi mettendo in contatto chi cerca e chi offre passaggi, tipo il famoso sito "blablacar". Tale intervento ha un notevole impatto in termini di riduzione del traffico se si pensa che su di un'auto possono viaggiare fino a 5 persone, il che può tradursi in un'equivalente riduzione in termini di risparmio energetico. Esistono già numerosi esempi di aziende che hanno messo a disposizione dei propri dipendenti una piattaforma informatica per il carpooling (es. Telecom).

Naturalmente nella pianificazione di una smart city le azioni da implementare sono molteplici e dipendono dal tipo di città, ma tutto questo può scaturire solo da studi precisi.

Veicoli ad alta efficienza

Sempre di più si sente parlare di mobilità sostenibile ed ormai già molte città stanno guardando a nuove forme di trasporto con veicoli più efficienti, come l'automobile elettrica.

L'ammodernamento di un flotta veicolare può essere effettuato sostituendo i veicoli in esercizio e razionalizzando il parco auto esistente, sia su gomma che su ferro, con veicoli a basso consumo ed impatto ambientale quali ad esempio autobus a trazione ibrida od elettrica, filobus e tram dotati di sistemi di recupero di energia di frenata, auto elettrica o bifuel ecc.

La trazione elettrica avendo un'efficienza di sistema almeno 3 volte superiore a quella del motore termico danno un consumo in fase d'uso inferiore a quelli a combustione interna. Poi nel calcolo delle spese bisogna considerare minori oneri di manutenzione e incentivi nazionali di contro no vi è la diffusione di colonnine elettriche per la ricarica e considerando i consumi maggiori per la produzione e distribuzione dell'elettricità rispetto a quelli per la raffinazione e trasporto del gasolio, la sostituzione di un veicolo a gasolio con un omologo elettrico può consentire un risparmio percentuale di energia fino al 40% .Comunque si possono avere risparmi in ordine monetari anche solo passando ad auto bifuel.

Attualmente la ricerca ha fatto passi da gigante e per le auto elettriche grazie alla possibilità di ricarica rapida (ad alta potenza) offerta dalle batterie Litio-Ioni e dai supercondensatori si impiega un tempo limitato per la ricarica. Sono stati sperimentati e sono già sul mercato alcuni autobus elettrici per i quali è sufficiente un pacco-batterie 3-4 volte più piccolo delle originali. Il peso risparmiato consente notevoli riduzioni di consumo soprattutto in ambito urbano, dove vi sono continui stop and go, oltre ovviamente ad un ulteriore riduzione della spesa per l'acquisto del veicolo in quanto la batteria è tra i componenti più costosi.

Sistemi di recupero di energia, manutenzione e altre forme di risparmio

Sul mercato vi sono tecnologie come lo Stop & Start per i mezzi con motori a combustione interna che permettono di risparmiare molto carburante come i sistemi per il recupero dell'energia spesa in frenata, comuni a tutti i veicoli a trazione elettrica.

Il sistema Stop & Start spegne in modo automatico il motore quando ci si ferma consentendo un risparmio del 5-10% sul consumo di carburante, sul recupero nella frenatura elettrica si può arrivare al 10-15%. Sui veicoli elettrici (autobus, tram, filobus, treni) è sempre possibile:

- recuperare;
- immagazzinare;
- restituire successivamente l'energia di frenata utilizzando sistemi di accumulo a batteria o supercapacitori.

Inoltre nei motori a combustione interna, come quelli utilizzati nel TPL, hanno bisogno controlli periodici e di una costante manutenzione ed un'attenta gestione programmata e certificata della manutenzione della flotta – introducendo sistemi di gestione quali EMAS o ISO14001, o aderendo alle norme preparate dalla "Commissione UNI Manutenzione" – garantisce, oltre alla maggiore durata degli automezzi, una loro prestazione ottimale con conseguente risparmio energetico che potrà essere considerato per accedere ad incentivi.

Poi è in vigore dal 1 novembre 2012 l'etichettatura dei pneumatici con la classificazione del risparmio di carburante e secondo i dati resi disponibili dall'IEA, alcuni di questi prodotti presentano un valore di resistenza sino ad un 30% più basso dei prodotti commercializzati negli anni '80. Si stima che l'impiego di pneumatici a bassa resistenza, insieme ad una maggiore attenzione allo stato di gonfiaggio delle ruote può comportare sino ad un 4% di riduzione dei consumi di carburante dei veicoli stradali pesanti.

Naturalmente sono innumerevoli gli interventi che possono essere effettuati nel settore della mobilità per ridurre i consumi in ambito smart city, e in ogni città si dovrà scegliere tra i migliori e più efficienti sistemi, come anche controlli del traffico, sostituzione dei semafori con rotonde, …

Comunque tutte le azioni potranno convergere nel PUMS (Piano Urbano Mobilità Sostenibile).

RIFIUTI

Energia dai rifiuti organici della città. Produzione di energia dalla frazione organica del rifiuto solido urbano

Ormai la raccolta differenziata sta raggiungendo delle percentuali molto alte in tutte le città italiane così come anche il recupero di altri scarti alimentari. Tramite la realizzazione di un impianto di digestione anaerobica integrato ad un impianto di compostaggio si può ricavare energia e fertilizzante dal rifiuto, tutto a vantaggio dell'intera comunità. Il biogas[43] è il gas biologico ottenuto dalla frazione organica dei rifiuti ad opera di batteri metanigeni nei biodigestori ed è una miscela composta principalmente da metano, in genere per il 60-75%, e da anidride carbonica, con tracce di idrogeno solforato e umidità elevata. Con 1 m^3 di biogas è possibile produrre fino a 2 kWh di energia elettrica e 3 kWh di energia termica a seconda dell'efficienza del sistema, se siamo in impianto a secco o a umido, a batch o in continuo. L'impianto dev'essere alimentato dalla Forsu che è una percentuale in peso di circa il 30-40% della produzione di rifiuti urbani, e da strutturante ligneo-cellulosico per la produzione di compost di qualità. La composizione media

---

43 www.compost.it

di questa frazione, se derivante da raccolta differenziata secco-umido, non differisce in modo sostanziale dall'organico raccolto da utenze selezionate, quali mercati all'ingrosso dell'orto-frutta e dei fiori, mercati ittici e rionali, esercizi commerciali di generi alimentari, punti di ristoro (pizzerie, ristoranti, ristorazione collettiva); la presenza di piccole quantità di plastica o altro materiale tipo vetro è in genere inferiore al 5% sul totale, per questo si deve operare una fase di vagliatura.

Giusto per dare un ordine di grandezza: per circa 25mila ton/anno di rifiuto organico da raccolta differenziata potremmo alimentare un motore della potenza di 1MWe . Si possono utilizzare anche altri tipo di biomasse o colture dedicate e la resa energetica, ovvero la produzione specifica di biogas, varia a seconda delle caratteristiche delle biomasse impiegate. Spesso le biomasse di diversa origine vengono trattate in co-digestione, cioè i rifiuti urbani vengono trattati assieme agli scarti agroalimentari o ai fanghi della depurazione. In alcuni casi, però, la possibilità della co-digestione deve essere attentamente valutata per evitare di ottenere un digestato non di qualità (come nel caso della miscelazione ad es. con fanghi di depurazione da distretti con immissioni industriali nel sistema fognario).

Il processo di digestione dura circa 15-20 giorni a seconda della materia prima e della tecnologia utilizzata. Le principali tipologie di digestione anaerobico possono essere così sintetizzate:

- processo termofilo e mesofilo – il processo mesofilo si svolge a una temperatura di circa 35°C, mentre il sistema termofilo prevede un riscaldamento della massa da digerire fino a temperature attorno ai 55°C, in questo modo il processo di digestione avviene più velocemente e con maggiori rese.

- Sistemi a singolo stadio o multistadio – un digestore a singolo stadio svolge tutte le fasi del processo di digestione in un unico vascone, mentre il digestore multistadio ottimizza il processo in diversi vasconi (predigestore, digestore, postdigestore).

- Sistemi in batch (discontinui) o Sistemi in continuo – come suggerisce la definizione alcuni sistemi funzionano in modalità discontinua: in questo caso la materia prima è caricata nel digestore in una sola tornata e viene asportata completamente una volta trascorso il tempo di ritenzione necessario, mentre i sistemi a flusso continuo comportano un'introduzione continua di materia prima nel sistema ed una contemporanea estrazione di gas e digestato.

Produzione di biometano

Il termine biometano[44] si riferisce a un biogas che ha subito un processo di raffinazione per arrivare ad una concentrazione di metano che oltre il 95% ed è utilizzato come biocombustibile per veicoli a motore al pari del gas naturale (o metano fossile).

Così come abbiamo sopra esposto il biometano può essere prodotto dalla digestione anaerobica della biomassa.

Attualmente è in atto una piccola rivoluzione nel mercato del gas in Italia: è da poco possibile vendere biometano e immetterlo direttamente della rete del gas, cosa che fino a qualche anno fa era impossibile sia perché mancava una legge che regolamentasse il tutto, anche per problemi tecnologici.

Un'alternativa all'utilizzo del biometano può essere quello di stoccarlo oppure rifornire le flotte comunali o auto della città tramite dei distributori di carburante.

Le principali materie che possono essere utilizzate a tale scopo sono:

- refluo di fogna;
- reflui zootecnici;
- rifiuti alimentari di origine commerciale o domestica (FORSU);
- rifiuti da giardinaggio e gestione del verde;
- produzioni agricole dedicate;
- biomassa in generale.

Alla fine del processo di fermentazione come prodotto principale vi è il biometano che viene raffinato ed è quindi pronto per poter essere utilizzato come combustibile nobile nei trasporti.

Il biometano può essere utilizzato negli stessi veicoli che impiegano comunemente il gas naturale o metano di origine fossile già oggi. Infatti è già molto diffuso nei paesi nordici come Svezia, Danimarca , Germania dove si stanno diffondendo anche distributori a biometano.

Le tre tipologie di veicoli, che utilizzano metano, attualmente in commercio sono:

- veicoli Bi-Fuel (Bi-fuelled) – è la tecnologia più diffusa ed è utilizzata per le automobili e i veicoli promiscui alimentati a gas o a benzina. Sono equipaggiati con motore a ciclo Otto (accensione

---

44 www.cti2000.it/Bionett/SCHEDABiometano_ITA.pdf

per scintilla) ed un doppio sistema di alimentazione che può funzionare sia con gas che con benzina. Il veicolo è quindi in grado di funzionare con entrambi i combustibili;

- veicoli dedicati a gas – sono veicoli dotati di un motore a ciclo Otto (accensione per scintilla) ottimizzato per funzionare con il solo metano. Questa tecnologia è utilizzata spesso nel caso di veicoli pesanti come gli autobus in sostituzione dei motori a gasolio convenzionale;
- veicoli dual-fuel – sono veicoli a gasolio che utilizzano un motore diesel e funzionano con una miscela di gas e gasolio (solitamente 70% gas e 30% gasolio).

Il biometano può essere immagazzinato nel veicolo in due stati (gas e liquido).Se è compresso si presenta come gas naturale compresso (CNG) a circa 200 bar. Tuttavia, a parità di volume, il contenuto energetico del gas compresso è significativamente inferiore rispetto al contenuto energetico di un combustibile liquido come il gasolio. Oppure può essere utilizzato nella forma liquefatta, gas naturale liquefatto (LNG). In questo caso il gas viene raffreddato, oltre che compresso, per raggiungere lo stato liquido e allo stesso modo viene stoccato in serbatoi ad alta pressione raggiungendo una densità energetica superiore.

COMPORTAMENTI

Regolamenti edilizi comunali energeticamente efficienti

Da un recente studio di Legambiente i Comuni che hanno elaborato al 2014 un regolamento edilizio che punta alla riduzione dei consumi energetici e idrici sono circa 1182. Sono quasi il 15% di tutti i Comuni italiani, per una teorica popolazione di 23,5 milioni (il 39% del totale)[45]. Nel decreto "Sblocca Italia" (legge 164/2014), e nelle more di approvazione dello stesso già ci sono una serie di obblighi per le nuove costruzioni così come si può vedere nella sintesi del grafico sottostante :

---

45 Rapporto Legambiente :Innovazione e semplificazione in edilizia: verso il regolamento edilizio unico

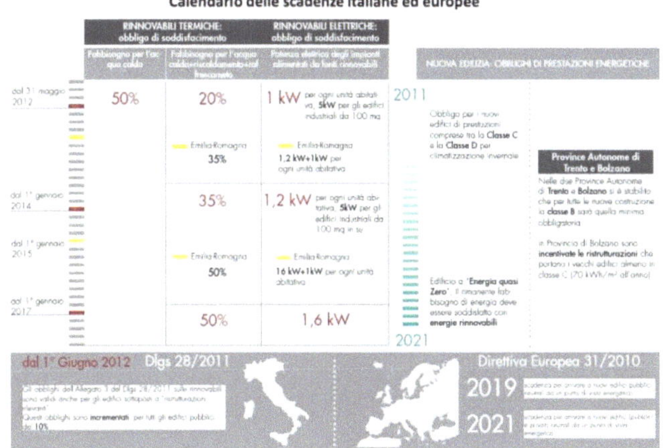

(fonte Legambiente, Innovazione e semplificazione in edilizia: verso il Regolamento Edilizio Unico)[46]

E' molto importante adottare delle misure di incentivazioni nei Regolamenti Edilizi per aumentare l'efficienza energetica dei fabbricati. Allo scopo di favorire gli interventi di retrofit energetico dev'essere consentita la realizzazione di maggiori volumi e modifiche delle facciate e dei tetti finalizzati alla riduzione dei consumi energetici, attraverso la creazione di schermature solari e di strutture di supporto dei pannelli fotovoltaici, per l'isolamento termico ed acustico, per la captazione diretta dell'energia solare e la ventilazione naturale, nonché la realizzazione di terrazzi adiacenti alle unità residenziali finalizzate alla realizzazione di schermature solari o serre solari anche su supporti strutturali autonomi.

Così come anche emerso dal report le sfide che bisogna affrontare per la riduzione dei consumi energetici anche nelle more di approvazione del regolamento tipo sono:

- Semplificare le procedure di intervento

- Chiarire i riferimenti normativi per gli interventi di riqualificazione energetica

- Dare una prospettiva di innovazione a un settore dove convergono Direttive europee, Leggi nazionali e regionali, regolamenti edilizi comunali.

---

46 www.qualenergia.it/sites/default/files/articolo-doc/edilizia_scadenze_ita-ue_0.jpg

Coinvolgimento e sensibilizzazione dei cittadini al risparmio energetico

Risulta davvero importante coinvolgere e sensibilizzare i cittadini al risparmio energetico, sia mediante identificazione, promozione e incentivazione dell'utilizzo consapevole dell'energia e dei comportamenti "smart" nelle community, sia mediante una gestione efficace delle informazioni necessarie a ridurre i consumi negli edifici pubblici tipo:

- sistema di labeling degli edifici, tale per cui venga applicata una "targa agli edifici smart", smart labeling;
- sviluppo e impiego di strumenti ICT per responsabilizzare gli utenti all'efficienza energetica (per studenti e turisti) e per ottimizzare la gestione delle informazioni tecniche (per energy manager, facility manager, manutentori).

Non è pensabile avere una smart city senza smart citzens, per questo un mercato molto promettente è quelle delle app.

Acquisti verdi da parte di enti pubblici

Il Piano d'azione per la sostenibilità[47] ambientale dei consumi della Pubblica Amministrazione, adottato con il Decreto Interministeriale dell'11 aprile 2008, ha l'obiettivo di diffondere presso gli enti pubblici la pratica di acquisti sostenibili, cioè di acquisti verdi (GPP), con ridotto impatto ambientale in particolare in relazione al consumo di risorse naturali (energia, acqua, ecc.), contenuto di sostanze pericolose, emissioni inquinanti e produzione di rifiuti, che tengano anche conto degli aspetti economici e degli impatti sociali (etici e relativi a sicurezza e salute) che i beni, i servizi e i lavori hanno lungo il loro intero ciclo di vita.

Il GPP è uno degli strumenti operativi più importanti nell'ambito delle politiche ambientali "di seconda generazione", che hanno superato l'impostazione prevalentemente settoriale e normativa delle precedenti strategie, abbracciando un approccio più ampio, trasversale e volto a coinvolgere tutti i soggetti operanti all'interno del sistema di produzione e consumo.

---

47 www.minambiente.it/pagina/gpp-acquisti-verdi

Riscaldamenti alti, condizionatori in espansione. Verso comportamenti più efficienti

Le temperature confortevoli sono importanti nel benessere delle persone, ma molto spesso non si è educati a regolare opportunamente le temperature interne degli edifici, creando solo sprechi di energia. Bisogna comprendere la necessità di seguire dei modi virtuosi di abitare.

Basti alla certificazione energetica degli edifici, strumento nato per aiutare ad una maggiore consapevolezza dei consumi delle abitazioni e ad aumentare la tendenza a scegliere casa sempre meno energivore.

Uno studio della CCIA[48] di Roma ha valutato alcuni semplici aspetti come la tipologia dei vetri alle finestre, la presenza di condizionatori e la temperatura media tenuta nel periodo di accensione del riscaldamento, si è osservato che:

- vi sono dei margini non piccoli di potenziali nuovi consumi derivanti dall'estensione dei condizionatori. Metà del campione attualmente dichiara di non esserne fornito, si può presumere che, seppur lentamente, questa quota vada ad aumentare incidendo sulla richiesta di energia;
- d'altra parte si notano ampi margini di possibile miglioramento in termini di riduzione degli sprechi energetici; 1/3 segnala che sta ancora mantenendo delle temperature medie superiori ai 20 gradi, quasi 1/3 dispone di vetri semplici.

Ecco come pochi dati svelano l'importanza delle possibilità di miglioramento e, nel contempo, di garantire una crescita del comfort che non si riveli a danno della condizione generale di sostenibilità che le case italiane devono perseguire.

ILLUMINAZIONE

Illuminazione degli edifici residenziali e lavorativi, Semafori a LED e Illuminazione pubblica

Uno degli interventi più immediati negli edifici per il risparmio energetico è l'intervento di sostituzione degli apparecchi d' illuminazione che può essere

---

fatto soltanto sostituendo le lampade oppure cambiando l'intero impianto.

La tendenza è dotarsi di impianti a led o comunque di lampade a basso consumo energetico a parità di lumen, quindi aumentare l'efficienza. È auspicabile in un'ottica smart city di progettare ed installare anche sistemi di controllo intelligente e apparecchi intelligenti, ormai vi sono lampade con sensori che rilevano l'intensità luminosa, la presenza di persone, e offrono la possibilità di regolazione tramite dimmer.
I sistemi di controllo regolano il funzionamento del sistema d'illuminazione in seguito ad un segnale esterno (contatto manuale, presenza, orario, livello d'illuminazione).
Nelle città vi è un'altra tendenza in atto da anni cioè la sostituzione delle lampade dei semafori con i LED ad alta efficienza energetica e a lunga durata, così si riducono considerevolmente i consumi energetici per i semafori.
Nel settore dell'illuminazione pubblica, ugualmente come per gli edifici la sostituzione delle vecchie lampade con modelli più efficienti (quali lampade a bassa/alta pressione o LED) presenta un elevato potenziale di risparmio energetico. Se abbinati anche a sistemi di regolazione come interruttori fotoelettrici che possono ridurre il consumo di elettricità nell'illuminazione diminuendo le ore di utilizzo notturno (accendendosi più tardi e spegnendosi prima), a nuovi quadri elettrici, rifasamento e quant'altro necessario, si può arrivare anche a risparmiare fino al 70% dei costi della bolletta.
Nell'illuminazione pubblica anche un semplice sistema di telegestione capace di reagire automaticamente a parametri esterni come densità del traffico, livello restante di luce diurna, permette di ottenere ottimi risultati sul risparmio energetico. Infine, i dati raccolti attraverso il sistema di telegestione riguardo le ore d'illuminazione per ciascuna lampada possono essere utilizzati per richiedere sostituzioni in garanzia, per stabilire criteri imparziali di selezione di prodotti e fornitori e per convalidare fatture energetiche.
Se poi si unisce che con il fotovoltaico o altra forma di energia si può annullare la spesa per l'illuminazione dei comuni.

Smart Street City Sensing

Anche se non strettamente connessa con soli consumi energetici ormai è una prassi che si sta consolidando quella di progettare e realizzare "Smart Street" come volano della smart city, cioè un sistema che ha come base l'infrastruttura della rete dell' illuminazione pubblica di una strada in cui i lampioni sono "intelligenti e multifunzionali", ovvero hanno a bordo sensori di varia natura ed interagiscono con l'esterno per dare informazioni sulle attività (persone, veicoli, emissioni) della strada in base al quale attivare una regolazione adattiva ed automatica per l'intero anno, del flusso luminoso punto-punto ed altre funzionalità.

La rete di pubblica illuminazione una volta riqualificata è un'infrastruttura centrale nello sviluppo della smart city, è la più evidente ed immediata, in quanto abbinata al risparmio energetico può essere realizzata anche tramite finanza di progetto.

Senza trascurare altri vantaggi economici, vi sono oltre al risparmio economico, altri vantaggi economici aggiuntivi come ricavi da tecnologie aggiuntive (Wi-Fi, colonnina ricarica elettrica, camere di sorveglianza, schermi pubblicitari ecc.), con possibile tariffazione diretta sui cittadini.

Quindi una città intelligente non può prescindere da un "apparato sensoriale", che la metta nelle condizioni di acquisire, trasportare e centralizzare quelle informazioni che le permetteranno di adottare dinamicamente (e, ove possibile, automaticamente) le migliori decisioni.
Si avrà l'acquisizione distribuita di informazioni dal territorio, operata grazie a sensori miniaturizzati e collocabili capillarmente nel tessuto urbano con una innovativa rete wireless di sensori che, sfruttando i lampioni della pubblica.
Questo rende l'innovazione molto più appetibile (minori consumi a costi di investimento più bassi) per la costruzione delle cosiddette "Smart Cities".

5 PRINCIPALI STRUMENTI DI FINANZIAMENTO

Tra le dotazioni finanziarie della UE utilizzabili non vanno considerati solo i fondi destinati allo sviluppo urbano, ma anche quelli relativi al sostegno delle PMI o alla valorizzazione del capitale umano, che rappresentano una parte integrante del tema. Si possono quindi suddividere i vari strumenti, in base alle loro caratteristiche, in tre gruppi distinti:

- programmi a gestione diretta (Horizon 2020, COSME, LIFE+);

- Fondi Strutturali;

- strumenti BEI.

In linea generale, nonostante nella programmazione 2014-2020 non vi siano state modifiche sostanziali nella struttura del budget UE, il modo in cui le dotazioni finanziarie potranno essere utilizzate ha subito importanti cambiamenti, atti a permettere una combinazione delle stesse.

Horizon 2020

Horizon 2020 è il nuovo Programma del sistema di finanziamento integrato destinato alle attività di ricerca della Commissione europea, compito che spettava al VII Programma Quadro, al Programma Quadro per la Competitività e l'Innovazione (CIP) e all'Istituto Europeo per l'Innovazione e la Tecnologia (EIT).

Il nuovo Programma è attivo dal 1° gennaio 2014 fino al 31 dicembre 2020, e supporta l'UE nelle sfide globali fornendo a ricercatori e innovatori gli strumenti necessari alla realizzazione dei propri progetti e delle proprie idee. Il budget stanziato per Horizon 2020 (compreso il programma per la ricerca nucleare Euratom) è di 70.2 miliardi di € a prezzi costanti / 78,6 miliardi di € a prezzi correnti.

COSME

Nella nuova programmazione 2014-2020, il precedente programma CIP non confluisce completamente in Horizon 2020, ma finanzia in parte anche COSME (Programme for the Competitiveness of Enterprises and SME), programma caratterizzato da una dotazione complessiva pari a circa € 2,5 mld a fondo perduto e finalizzato a sostenere gli imprenditori e le PMI nel consolidamento o nell'avviamento di start-up.

LIFE+

Life+ rappresenta uno strumento finanziario specifico per azioni sul tema ambientale, avente l'obiettivo principale di offrire sostegno alle misure e ai progetti per l'attuazione, l'aggiornamento e lo sviluppo della politica e della normativa comunitaria in materia ambientale. Il budget per il periodo 2014-2020 prevede circa € 3,2 mld, utilizzabili sotto forma di convenzioni di sovvenzione o contratti di appalto pubblici. I beneficiari sono organismi, soggetti e istituzioni pubbliche e/o private. Il cofinanziamento massimo è pari al 50% dei costi ammissibili. Il programma si divide in tre pilastri tematici:

1) Fondi Strutturali

I Fondi Strutturali, la cui definizione segue la programmazione settennale degli altri programmi (2007-2013 e 2014-2020), sono fondi a gestione indiretta della UE33, che includono tra gli altri il Fondo Europeo di Sviluppo Regionale (FESR), finalizzato alla riduzione degli squilibri tra le regioni della UE. Gli ambiti di priorità definiti dal Fondo riguardano:

- la ricerca, lo sviluppo e l'innovazione;

- il miglioramento dell'accesso e della qualità delle ICT;

- le economia a basse emissioni di carbonio;

- il sostegno alle PMI;

- i servizi di interesse economico generale;

- le infrastrutture di TLC, trasporti e energia;

- la PA efficiente;

- le infrastrutture sanitarie, sociali e scolastiche;

- lo sviluppo urbano sostenibile.

Quest'ultima voce sottolinea il ruolo centrale assunto dalle città nei FESR, che supportano quindi in maniera più marcata lo sviluppo urbano sostenibile attraverso strategie integrate in grado di affrontare sfide economiche, ambientali, climatiche e sociali.

2) Strumenti BEI

La Banca Europea per gli Investimenti è di proprietà dei 28 paesi dell'UE. Assume prestiti sui mercati dei capitali e concede prestiti a un basso tasso d'interesse per finanziare progetti volti a migliorare le infrastrutture, l'approvvigionamento energetico o la sostenibilità ambientale sia all'interno dell'UE che nelle zone limitrofe o nei paesi in via di sviluppo Tra questi strumenti, quelli utilizzabili per il finanziamento di iniziative nel PAES vi sono ELENA (European Local Energy Assistance).

"ELENA è il perfetto esempio di come un bilancio limitato possa essere integrato con prestiti BEI per sostenere gli obiettivi politici comunitari. Il successo riscosso ha messo in luce un reale interesse di città e regioni per questo tipo di assistenza", ha dichiarato il presidente della BEI Philippe Maystadt.

3) Partenariato Pubblico-Privato (PPP)

Il Partenariato Pubblico-Privato ovvero progetto di finanza è una forma contrattuale basate sulla cooperazione tra l'attore pubblico e l'attore privato, in cui le rispettive competenze si integrano per realizzare opere pubbliche o di pubblica utilità per la gestione dei relativi servizi.

I finanziamenti dell'UE possono servire a co-finanziare i PPP. Gli attori pubblici e privati nazionali possono beneficiare:

- dei Fondi strutturali associati ai PPP, come per le iniziative JASPER, JESSICA e JEREMIE;

- dei fondi della Banca europea per gli investimenti (BEI) e del Fondo europeo per gli invesitmenti (FEI). La BEI ha inoltre istituito il Centro europeo di consulenza (EPEC) (EN) volto a rafforzare la capacità organizzativa dei PPP;

- degli strumenti finanziari della rete transeuropea dei trasporti (rete TEN-T), volti ad aumentare la partecipazione privata, l'apporto di capitale di rischio e l'assegnazione di prestiti bancari;

- del programma Horizon.

ESCO

La ESCO (Energy Service COmpany) è il soggetto deputato alla promozione dell'efficienza energetica negli usi finali, ed è riconosciuta come tale a livello UE dalla Direttiva 2006/32/CE. A livello nazionale il D.L. n. 115/2008, definisce la ESCO come la "persona fisica o giuridica che fornisce servizi energetici ovvero altre misure di miglioramento dell'efficienza energetica nelle installazioni o nei locali dell'utente e, ciò facendo, accetta un certo margine di rischio finanziario. Non esiste una nozione giuridica[49] per le E.S.Co. né una definizione specifica, ma queste società sono chiaramente riconoscibili grazie al tipo di servizi resi. Come le E.S.P.Co., le Energy Service Company offrono al cliente soluzioni per l'efficientamento energetico: un gamma di servizi integrati per conseguire risparmio e migliorare gli standard produttivi.

Incentivi nazionali

Conto termico

Con la pubblicazione del DM 28/12/12, il c.d. decreto "Conto Termico", si sta dando attuazione al regime di sostegno introdotto dal decreto legislativo 3 marzo 2011, n. 28 per l'incentivazione di interventi di piccole dimensioni per l'incremento dell'efficienza energetica e per la produzione di energia termica da fonti rinnovabili.

Possono accedere agli incentivi previsti dal DM 28/12/12 le seguenti due categorie di interventi:

- interventi di incremento dell'efficienza energetica

- interventi di piccole dimensioni relativi a impianti per la

---

49 http://www.enea.it/it/Ricerca_sviluppo/documenti/ricerca-di-sistema-elettrico/promozione-tecnologie/rse56.pdf

produzione di energia termica da fonti rinnovabili e sistemi ad alta efficienza.

Le Amministrazioni pubbliche possono richiedere l'incentivo per entrambe le categorie di interventi (categoria A e categoria B).

I soggetti privati possono accedere agli incentivi solo per gli interventi di piccole dimensioni relativi a impianti per la produzione di energia termica da fonti rinnovabili e sistemi ad alta efficienza (categoria B).

Gli interventi accedono agli incentivi del Conto Termico limitatamente alla quota eccedente quella necessaria per il rispetto degli obblighi di integrazione delle fonti rinnovabili negli edifici di nuova costruzione e negli edifici esistenti sottoposti a ristrutturazione rilevante, previsti dal D.Lgs. 28/11 e necessari per il rilascio del titolo edilizio.

Certificati bianchi

I certificati bianchi, anche noti come "Titoli di Efficienza Energetica" (TEE), sono titoli negoziabili che certificano il conseguimento di risparmi energetici negli usi finali di energia attraverso interventi e progetti di incremento di efficienza energetica.

6 CASI ESEMPLARI PER IL RISPARMIO ENERGETICO[50]

PROGETTO DI RIQUALIFICAZIONE DELLE SCUOLE A TORINO

La Città di Torino ha avviato un piano di riqualificazione energetica di 6 edifici scolastici, che condurrà ad una riduzione della domanda di energia di circa il 70%, poiché il suo patrimonio edilizio e rappresentato dal 50% da scuole e quindi la riqualificazione è partita da qui. Rientra tra i progetti finanziati dalla Regione nei PTI.

Tra gli obiettivi del progetto - audit energetico - partnership pubbiclo-privata con IREN - riqualificazione energetica finalizzata a risparmio e miglioramento del confort ambientale - coinvolgimento diretto dei ragazzi e delle famiglie - avvio di reti di collaborazione tra cittadini e PA

Costo complessivo del progetto : € 15,000,000.00

CONDOMINIO SMARTORINO

Con questo progetto l'amministrazione intende selezionare alcuni condomini privati della Città che hanno apportato miglioramenti dimostrabili delle prestazioni energetiche per riscaldamento, migliori condizioni di comfort per gli utenti e benefici ambientali per la collettività attraverso interventi di monitoraggio e controllo dei consumi, di ottimizzazione e riqualificazione energetica del sistema edificio-impianto, unitamente ad una manutenzione ordinaria e straordinaria.

---

50 Casi presi da www.covenantofmayors.cu e www.italiansmartcities.it

Quindi semplicemente si premiano i condomini che siano in grado di dimostrare l'utilizzo consapevole dell'energia e l'adozione di comportamenti smart per la sensibilizzazione e responsabilizzazione all'efficienza energetica

Costo complessivo del progetto : € zero

TORINO SI ILLUMINA DI LED (TORINO LED)

Il progetto Torino Led prevede che, nell'arco di due anni, vengano installate circa 55.000 nuove lampade a led (pari al 55% del totale dei lampioni cittadini). Per gli impianti interessati dall'intervento, a regime, il progetto consentirà un risparmio energetico stimato in circa 20.000.000 kWh/anno assicurando una riduzione dei consumi di energia elettrica di quasi il 50%, consentendo una riduzione di consumo pari a 6.400 Tep (Tonnellate Equivalenti Petrolio)/anno ed evitando, nel contempo, la produzione di 3,5 tonnellate/anno di CO2. Il progetto sarà sviluppato in partnership con Iren Servizi e Innovazione, società del Gruppo IREN accreditata come ESCO (Energy Service Company) presso l'Autorità per l'energia elettrica il gas e il sistema idrico, che gestisce il servizio di Illuminazione Pubblica a Torino (100.000 punti luce, alimentati da una rete elettrica che si estende per 2.900 chilometri). La realizzazione del progetto sarà condotta attraverso un accordo che utilizzerà il meccanismo del cosiddetto "Finanziamento tramite terzi" di cui al DLgs 115/2008 e che prevede l'onere di garantire il finanziamento degli investimenti a carico di Iren Servizi e Innovazione, a fronte di un canone annuo garantito dalla Città tramite parte delle somme risparmiate sulla bolletta elettrica a seguito della riduzione dei consumi. Il progetto sarà condotto in 24 mesi, con un ammortamento degli investimenti previsto in 12 anni.

Costo complessivo del progetto : € 14,000,000.00

DOMO GRID e SMART IP MILANO

Progetto di ricerca e sviluppo cofinanziato dal Ministero dello Sviluppo Economico che ha come obiettivo la realizzazione e la messa in opera di una soluzione smart grid con funzionalità demand/response, ovvero fare interagire in modo intelligente la rete elettrica del Distributore e dispositivi EMS (Energy Management System) di controllo degli impianti domestici (elettrodomestici intelligenti, impianti di micro-generazione, auto elettriche, ecc.) e dispositivi distribuiti di accumulo energia finalizzati al miglioramento della qualità della tensione.

Il progetto Smart IP prevede un sistema di illuminazione pubblica integrata che permette una facile e più immediata gestione dei punti luce.

Costo complessivo del progetto : € zero

SMART LIGHTING 4 SMART DIGITAL CITY

Informatica Trentina sta sviluppando un pilota sul cambiamento climatico, in particolare il risparmio energetico in ambito pubblico. Per i Comuni italiani l'illuminazione pubblica è tra le voci di spesa e le fonti di consumo energetico più importanti. CentraLab ha sviluppato nel Comune di Campodenno (Trentino), di circa 1.000 abitanti, un progetto di telecontrollo e monitoraggio del sistema di illuminazione pubblica attraverso l'adozione di sistemi pervasivi e intelligenti in chiave Smart City. Insieme al partner, Algorab, hanno ideato un piccolo e innovativo sistema che trasforma ogni punto luce in un "lampione intelligente", concepito come un nodo di rete wireless. È stato installato su 129 punti luce del comune. Ciascun lampione intelligente cerca via radio il lampione intelligente a lui più vicino, e vi si connette. Questo secondo lampione cerca a sua volta un altro lampione intelligente nelle vicinanze, con il quale instaurare un'ulteriore connessione radio. Come una reazione a catena, il meccanismo si ripete per tutti i lampioni intelligenti, fino a formare una grande rete radio che copre capillarmente l'intera città. Grazie a questa rete a bassissima potenza che un centro di controllo cittadino potrà gestire da remoto ogni singolo lampione, e regolare al meglio la sua intensità luminosa, per risparmiare il più possibile energia e per sapere subito se è guasto. Ma il lampione intelligente sa anche ascoltare: decine di sensori distribuiti sul territorio a lui circostante gli raccontano di continuo cosa sta accadendo: se c'è un parcheggio libero, se è il momento di irrigare le aiuole, se manca poco all'arrivo dell'autobus o se un cassonetto dei rifiuti necessita di essere svuotato. In particolare a Campodenno la sperimentazione pilota, utilizzando la rete di telecontrollo indipendente ed aperta, veicolerà informazioni relative sia al monitoraggio ambientale sia alla videosorveglianza di alcune aree.

Costo complessivo del progetto € 3,100,252.00

MICRO SMART GRID PIACENZA

I nuovi impianti di energia rinnovabile residenziali e industriali consentono al consumatore di essere anche produttore (prosumer). Il progetto affronta questo nuovo scenario sfruttando le possibilità di regolazione degli inverter, dispositivi che interfacciano le sorgenti alla rete, e controllando i microflussi dei prosumer con accumulatori di energia negli impianti domestici.

Costo complessivo del progetto € zero

SMART GRID L'AQUILA

Il progetto si basa su quattro linee di intervento: - Grids Preparation & Communication Network, ossia una serie di interventi mirati a rendere l'attuale rete adatta all'implementazione delle funzionalità proprie delle reti energetiche intelligenti; - Funzionalità evolute Smart Grid, intervento volto a favorire l'implementazione di logiche avanzate e dispositivi di automazione e controllo della rete; - Smart Urban Services, interventi per la mobilità sostenibile; - Customer awareness, per la gestione efficiente dei consumi elettrici e i servizi di comunicazione.

Costo complessivo del progetto € 16,700,000.00

SUNSHINE FERRARA

Servizi per la valutazione del comportamento energetico degli edifici attraverso la generazione di mappe energetiche 2D e 3D da utilizzare sia per finalità di pianificazione sia per la pre-certificazione energetica; servizi fruibili su smartphone e tablet, che sulla base dell'assessment energetico degli edifici assieme a sistemi di allerta circa le previsioni metereologiche, consentiranno di ridurre il consumo energetico di sistemi di riscaldamento/condizionamento degli edifici; servizi per l'ottimizzazione dell'efficienza energetica dei sistemi di illuminazione pubblica attraverso sistemi di telecontrollo e Automatic Meter Reading, fruibili anche su smartphone e tablet.

Costo complessivo del progetto € 4,000,000.00

RIGERS - RIGENERAZIONE DELLA CITTÀ: EDIFICI E RETI INTELLIGENTI LATINA

Il progetto vedrà la progettazione e sperimentazione di nuovi dispositivi quali lo smart meter per il gas in ambito domestico, una centralina di acquisizione dati multiservizio e un sistema integrato "smart" di pubblica illuminazione e Urban Security. La sperimentazione avverrà su una serie di quartieri pilota in tutta Italia, coinvolgendo le amministrazioni pubbliche di Modena, Bologna, Ravenna, Forlì, Cesena, Latina e l'Unione dei Comuni Modenesi dell'Area Nord.

Costo complessivo del progetto € 12,400,000.00

HANNOVER (GERMANIA): "Proklima - Enercity Fund"

Un fondo annuale di circa € 5 milioni è disponibile per sostenere misure di protezione del clima in abitazioni private, aziende e istituzioni pubbliche. I partner locali contribuiscono al fondo come di seguito:

- Stadtwerke Hannover AG – società di servizi pubblici (circa 77% delle attività del fondo): proventi della vendita di gas a clienti residenziali e parte dei profitti generati da Stadtwerke.

- Città di Hannover (circa 20% delle attività del fondo): 3,25% dei profitti di Stadtwerke sono rimessi alla holding pubblica per la fornitura e il trasporto di energia (VV GmbH).

- Città di Hemmingen, Laatzen, Langenhagen, Ronnenberg e Seelze (circa 3% delle attività del fondo): 2,5% dei diritti di licenza destinati a elettricità e/o gas.

Finanziamento approvato nel 1998-2010: più di € 45 milioni. La politica di finanziamento di ProKlima è lungimirante e stimola l'innovazione.

Info (DE): www.proklima-hannover.de

LONDRA (REGNO UNITO): I pedaggi urbani

Tariffa giornaliera di £ 10 (£ 12 se pagata entro la mezzanotte del giorno successivo) per tutti i veicoli che circolano all'interno della zona tra le 7:00 e le 18:00 (solo lunedì- venerdì). In caso di mancato pagamento, multa di £ 120 (ridotta a £ 60 se pagata entro 14 giorni e aumentata a £ 180 se non pagata entro 28 giorni).

Per legge, tutti i ricavi netti dei pedaggi (£ 158,1 mln nell'anno finanziario 2009-10) devono essere investiti per il miglioramento dei trasporti a Londra.

Uno dei sistemi più grandi di questo tipo al mondo ha ridotto i livelli di traffico, migliorato i servizi di trasporto e reso le strade più sicure. Nei mesi del 2008 e durante il 2009 la congestione nel centro di Londra è risultata leggermente inferiore rispetto alle rilevazioni precedenti effettuate negli stessi mesi.

Info (EN):www.tfl.gov.uk/roadusers/congestioncharging/default.aspx

STOCCARDA (GERMANIA): "Intracting" – appalti interni alla città

L'Ufficio per l'ambiente di Stoccarda, in stretta collaborazione con l'Ufficio finanziario, ha sviluppato il metodo degli "appalti interni" per finanziare progetti di risparmio energetico. Il metodo si basa sull'idea dei contratti di rendimento energetico, ma si svolge interamente all'interno dell'amministrazione della città. L'Ufficio per l'ambiente stanzia uno specifico prestito senza interessi all'ufficio competente o alle imprese di proprietà della città. L'importo del prestito dipende – come nell'ordinaria concessione in appalto – dal potenziale di risparmio energetico ed economico delle misure attuate. I costi risparmiati con tali misure rifluiscono a una linea di bilancio specifica – un fondo di rotazione – finché gli investimenti non sono stati ripagati.

Valore del fondo: € 8,8 milioni

Concessi 273 appalti

Tempo di rimborso medio: 7,2 anni

Intracting è diventato un modello per numerose autorità locali in Germania e Austria

Info www.energy-cities.eu/db/stuttgart_136_en.pdf

DIGIONE E BREST (FRANCIA): Appalto pubblico congiunto

L'ordine collettivo di 52 tram per un importo pari a € 106 milioni ha consentito la razionalizzazione dell'investimento e la condivisione dei bisogni.

Risparmio finanziario: 24 %

Brest: 14,3 km di linee tranviarie, 20 tram

Digione: 18,9 km di linee tranviarie, 32 tram

Info (EN):www.energy-cities.eu/db/Brest_tramway_2009_en.pdf

REGIONE DI PARDUBICE (REPUBBLICA CECA): Contratti di rendimento energetico

Riduzione del consumo energetico in 51 edifici pubblici: scuole, ospedali, centri sociali e sanitari. Criteri di selezione della regione di Pardubice:

- Risanamento di sistemi di riscaldamento

- Miglioramento del comfort termico negli edifici pubblici

- Investimento non finanziato con le risorse della regione

- Gestione energetica a lungo termine

Contratto: 13 anni: 1 anno per l'installazione (nel 2007 in 3 fasi) e 12 anni per il ritorno sul capitale investito

Costi di investimento: € 5,4 milioni

Risparmio annuale garantito (costi operativi): € 714.000

Servizi forniti: proposta dell'idea e del progetto, finanziamento, fornitura e attuazione, formazione per gli utenti dell'edificio, gestione e garanzia energetica

Risultati

- Risparmio energetico: 24%

- Riduzione CO2: 23%

- Risparmio costi operativi: € 755.000

- Risparmio "in eccesso" – dopo la deduzione della tariffa della società – distribuito al cliente

Info (CS): www.enviros.cz/epc/energy-performance-contracting.html

BERLINO (GERMANIA): Produzione di energia solare tramite finanziamenti terzi

Nel 2002, la "Solardachbörse", il progetto di Scambio di tetti solari è stato lanciato per promuovere la costruzione di impianti solari da parte di investitori privati. Nel 2009, la città ha affittato 5.000 tetti (scuole, edifici amministrativi, strutture sportive) a 25 investitori. Adottando uno schema di finanziamenti terzi, il comune è riuscito a trasferire il finanziamento delle tecnologie solari e le conoscenze tecniche a investitori privati. Da gennaio 2004, la Germania ha aumentato le tariffe di riacquisto per le energie rinnovabili. Ciò ha reso l'elettricità generata dagli impianti solari economicamente più vantaggiosa e ha accresciuto l'interesse degli investitori privati. La tariffa di locazione è pari al 3-7% del reddito totale ottenuto con le tariffe di riacquisto per la produzione di energia solare.

Risultati

64 impianti con una capacità totale di 4MWp distribuiti in 10 distretti al 2009.

Progetto autofinanziato – basato interamente su investitori privati (inclusi cittadini) che traggono beneficio dalle tariffe di riacquisto.

Beneficio netto per il comune – dopo la deduzione delle tariffe di locazione dei tetti.

Info (DE):www.berlin.de/sen/umwelt/klimaschutz/solardachboerse/#

DELFT (PAESI BASSI): Cooperazione con imprese di servizi energetici

La Società di teleriscaldamento - Eneco Delft Ltd è una nuova società specializzata che ha costruito, gestito ed eseguito la manutenzione del nuovo sistema di teleriscaldamento avviato dal comune di Delft. Si stima che questa società fornisca riscaldamento di ambienti e acqua corrente calda a 20.000 abitazioni. Il riscaldamento è prodotto tramite cogenerazione e uso di calore residuo industriale a bassa temperatura. L'impresa di servizi energetici Eneco New Energy è la società madre della Società di Teleriscaldamento, e ne possiede il 97% delle azioni. Il sistema sarà costruito e gestito da Eneco. Tra gli azionisti che possiedono il 3% delle azioni privilegiate figurano: Comune di Delft, Comune di Midden Delfland, Eneco e tre associazioni abitative.

Risultati

- Costi d'investimento: circa € 120 milioni (produzione e distribuzione).

- Riduzione delle emissioni di CO_2 prevista rispetto ai livelli del 2008: min. 18.500 t.

- Ritorno sul capitale per la Società di teleriscaldamento: min. 7,4% includendo le misure fiscali e una sovvenzione nazionale per la stazione di pompaggio del calore residuo.

- Il progetto è stato attuato nel quadro del progetto europeo SESAC e cofinanziato dal programma Concerto.

Info (EN): www.concerto-sesac.eu

COMMUNAUTÉ URBAINE DE DUNKERQUE (FRANCIA): Sussidi comunali che innescano investimenti dei cittadini

Per il periodo 2006-2009 è stato istituito un fondo speciale di € 1,1 milioni dalla città in collaborazione con il maggiore fornitore di elettricità "Electricité de France", il cui contributo è ammontato a € 46.516. Bilancio previsto per il periodo 2010-2014: € 2,5 milioni. Il comune fornisce sussidi diretti alle famiglie: isolamento tetto (10-12 € / m2), isolamento pareti (6-8 € / m2), sistema di riscaldamento solare combinato (€1400), sistema individuale di riscaldamento solare dell'acqua (€ 400) e caldaie individuali a condensazione (€ 350-1.000). L'importo concesso alle famiglie dipende dalle loro entrate.

Risultati

- 1,541 persone si sono rivolte ai consulenti energetici

- 1,063 domande accettate (296 per lavori d'isolamento, 23 per pannelli solari, 703 per caldaie individuali a condensazione)

- 372 sussidi finanziari (77 per lavori d'isolamento, 8 per pannelli solari, 280 per caldaie a condensazione)

- Assunti due responsabili per l'energia e un coordinatore di progetto

Info (FR): www.communaute-urbaine-dunkerque.fr/fr/les-competences/energie/index.html

PROVINCIA DI LIMBURGO (BELGIO): Fornitura di sostegno finanziario e tecnico ai comuni

Dubolimburg: Centro assistenza per edifici sostenibili: impiegati due specialisti a tempo pieno per fornire assistenza tecnica nella stesura di piani d'azione locali, finanziati tramite Limburg Sterk Merk – una specifica sovvenzione per iniziative nel Limburgo.

Infrax: Operatore della rete di distribuzione: fornisce sostegno finanziario per contratti ESCO, audit energetici gratuiti per edifici comunali, sovvenzioni per investimenti finalizzati al risparmio energetico a residenti e comuni (2 – 4 €/m² di isolamento termico), sistema di monitoraggio del consumo energetico negli edifici. Gli specialisti sono cofinanziati dal programma Energia intelligente per l'Europa nel quadro del progetto Come2CoM.

BBL: Organizzazione ombrello fiamminga che rappresenta circa 140 movimenti ambientalisti locali nelle Fiandre: promuove il Patto, organizza campagne di sensibilizzazione con le parti interessate e fornisce assistenza tecnica.

Provincia: fornisce sovvenzioni per progetti sostenibili su piccola scala (€ 50.000 annui) e valuta la possibilità di creare un "fondo climatico" per finanziare progetti di energia sostenibile maggiori.

Risultati

- Nel 2011, tutti i comuni sono in procinto di impegnarsi politicamente per adottare una politica sul clima.

Info (NL,EN): www.limburg.be/gemeentenmina

REGIONE DELLA PICCARDIA (FRANCIA): Sussidi regionali equivalenti a "prestiti bancari a interessi zero"

Fornire un prestito a interessi zero a 25.000 famiglie per un periodo di cinque anni (inizio nel 2006) e ottenere un risparmio energetico pari a € 20 milioni. Rilanciare il mercato dell'isolamento nella Piccardia generando un volume di affari per artigiani e società di costruzione per un importo pari a € 100 milioni e creando 1.500 posti di lavoro nell'arco di cinque anni. Coinvolgere il settore bancario e finanziario nel finanziamento di investimenti per l'efficienza energetica.

Partner: Regione della Piccardia, GDF Suez, Solfea Bank,EDF, Domofinance e Crédit Agricole.

Fino a €10.000 per famiglia destinati a lavori d'isolamento, con un prestito non soggetto a requisiti di reddito e rimborsabile entro sette anni.

Fino a €15.000 destinati a tecnologie termiche rinnovabili (pompe di calore, legno, solare) e rimborsabili entro dieci anni.

La persona fisica invia la domanda di prestito alla banca, con il sigillo del professionista che eseguirà il lavoro. La banca risponde entro 48 ore.

La banca paga direttamente il professionista al completamento dell'opera e dopo aver ricevuto il certificato del lavoro firmato dal cliente e dalla società.

La persona fisica non paga interessi alla banca. Gli interessi sono pagati dalla

Regione della Piccardia.

Risultati

- Più di 10.000 richieste evase in 3 anni.

- Nel 2006-2008: finanziati 2.250 interventi d'isolamento (circa € 8.000 per caso).

- Nel 2009: cofinanziati 8.000 interventi d'isolamento e tecnologie rinnovabili (€ 10 milioni di cofinanziamento regionale).

- Ammontare dei lavori di costruzione realizzati: € 100 milioni, con un effetto leva pari a 10.

Info (FR): www.cr-picardie.fr/IMG/pdf/picardie_isolation_web.pdf

LOSANNA (SVIZZERA): Programma di scambio solare

Nel 1999 è stata realizzata dalla Città di Losanna un'indagine di marketing sui costi ambientali. I consumatori erano disposti a pagare un prezzo superiore per kWh per elettricità prodotta da fonti energetiche rinnovabili.

Il prezzo fu fissato a CHF 0,90 (€ 0,57) per kWh, pari ai costi per un impianto fotovoltaico, sulla base di un'annualità calcolata per una durata di vita di 20 anni. I produttori di elettricità rinnovabile finanziano, progettano e installano unità fotovoltaiche su edifici privati. La Società di servizi di Losanna negozia accordi con i produttori per acquistare la loro intera produzione di energia solare per un periodo di 20 anni, sempre al prezzo di CHF 0,90 (€ 0,57) per kWh.

3.000 clienti pari a circa il 4% dei consumatori di elettricità della società hanno sottoscritto un totale di 257.900 kWh che saranno prodotti da stazioni FV tra il 2001-2010.

A gennaio 2011, il Programma di scambio solare è diventato 'Nativa Plus' – un prodotto certificato dal WWF. La società di servizi fornisce adesso normalmente energia rinnovabile al 100% a tutti i suoi clienti – e i prezzi non subiscono aumenti dal 2010.

Info (FR): www.lausanne.ch/view.asp?DocId=34459

BIELSKO-BIALA (POLONIA): Sovvenzioni per i cittadini

Fornitura di incentivi finanziari sotto forma di sovvenzioni per la sostituzione di impianti di riscaldamento. I tassi delle sovvenzioni sono variati negli anni successivi del programma, oscillando tra il 65 e il 72,5%.

Risultati

- Sostituzione di circa 450 caldaie a carbone

- Riduzione delle emissioni di CO2 a Bielsko-Biala superiore a 2.500 t/anno

- Riduzione dell'inquinamento da gas e polveri superiore a 350t/anno

Info (EN): www.energy-cities.eu/db/bielsko_582_en.pdf

REPUBBLICA CECA: *Programma Risparmio Verde*

Incoraggiare il settore pubblico e i cittadini a investire in tecnologie ad alta efficienza energetica e energie rinnovabili. Budget del programma pari a € 1 miliardo ottenuto con lo scambio delle quote di emissioni con il Giappone.Fondo distribuito sotto forma di sussidi diretti a beneficiari aventi diritto – famiglie, associazioni di proprietari di unità abitative, cooperative abitative, comuni (inclusi distretti comunali), entità aziendali e altre persone giuridiche. I cittadini richiedono la sovvenzione in uno degli uffici regionali del programma ("centri INFO") e/o presso le filiali locali di 9 banche commerciali convenzionate. L'approvazione del progetto dipende dall'efficienza energetica prima/ dopo la ristrutturazione. Procedura rapida: 10 settimane dall'invio della richiesta alla sottoscrizione del contratto Sostegno per lo sviluppo del progetto: fino a € 800 Ai richiedenti è fornito un elenco di progettisti/società di costruzione certificati. Possibilità di cambiare le condizioni del programma se sussiste un reale interesse per i beneficiari.

Info (CS, EN): www.zelenausporam.cz/sekce/582/about-thegreen-savings-programme/

LITUANIA: *Fondo di partecipazione per il miglioramento dell'efficienza energetica in edifici condominiali*

Un fondo di partecipazione di € 227 milioni è stato istituito dal Ministero delle Finanze e dal Ministero dell'Ambiente lituani a giugno del 2009 ed è gestito dalla Banca europea per gli investimenti (BEI).

Progetti finanziati: investimenti per l'efficienza energetica in edifici condominiali. Contratti di prestito stipulati tra la BEI, in qualità di gestore del fondo di partecipazione JESSICA in Lituania, "Šiaulių bank" e "Swedbank". Entrambe le banche forniranno prestiti di ammodernamento per l'efficienza energetica per un importo totale pari a € 12 milioni per singoli proprietari di appartamenti. Tali proprietari possono richiedere un prestito di 20 anni con tassi di interesse bassi e fissi da usare per investimenti finalizzati all'efficienza energetica, consentendo notevoli risparmi sulle bollette dell'energia.

LONDRA (REGNO UNITO): Un fondo JESSICA di £ 100 milioni per finanziare progetti di energia sostenibile

Il Fondo Jessica di Londra è costituito da £ 50 milioni provenienti dal Fondo europeo di sviluppo regionale, £ 32 milioni dall'Agenzia per lo sviluppo di Londra e £ 18 milioni dall'Agenzia per i rifiuti e il riciclaggio di Londra.

Progetti finanziati: infrastrutture energetiche decentralizzate con produzione elettrica e termica più efficiente a prossimità del consumatore (meno perdite per la trasmissione); infrastrutture per i rifiuti con maggiore capacità di riciclaggio; uso di impianti di termovalorizzazione e produzione di energia rinnovabile che riduce le discariche e stimola gli investimenti nel settore ambientale. Il finanziamento del progetto si concentrerà nelle aree di rigenerazione con gravi carenze.

7 PRINCIPALI RIFERIMENTI BIBLIOGRAFICI

Fistola R., (2013), Smart City: riflessioni sull'intelligenza urbana, Tema Vol 6, N° 1

Vianello M,(2013) ,Smart Cities: Gestire la complessità urbana nell'era di Internet, Maggioli

Annunziato M., (2011) , Smart city: una strada possibile per le città sostenibili, ENEA, Energia Ambiente e Innovazione

Palumbo M.L, (2006) Architettura produttiva: principi di progettazione ecologica, Maggioli

Karnouskos, S,(2011) Demand Side Management via prosumer interactions in a smart city energy marketplace , Innovative Smart Grid Technologies (ISGT Europe), 2nd IEEE PES International Conference and Exhibition on

"Gruppo di lavoro dell'Agenzia per l'Italia Digitale per le Smart City" (2012),Raccomandazioni alla pubblica amministrazione per la definizione e sviluppo di un modello tecnologico di riferimento per le smart city, Agenzia per l'Italia Digitale

AGENZIA PER L'ITALIA DIGITALE, 2012, Architettura per le comunità intelligenti: visione concettuale e raccomandazioni alla Pubblica Amministrazione, Presidenza del Consiglio dei Ministri

BETWEEN, 2013, Smart City Index. Confrontarsi per diventare Smart, Report

European Smart Cities, 2012.

Ballotta, P. , 2013, Smart City: prospettive strategiche e normative, Lulu.com

M. Annunziato, F. Bucci, C. Meloni, F. Moretti, S. Pizzuti , (2011) , Sviluppo sistemi intelligenti per la gestione della "Smart Street", Enea

Delibera AEEG 393/2013/R/gas

A Borghetti, C Nucci, M Paolone, A Morini, F Silvestro, (2010) Generazione diffusa, sistemi di controllo e accumulo in reti elettriche- AEIT

A. Lambruschi, (2014) La riqualificazione energetica del parco immobiliare pubblico esistente in attuazione alla direttiva 2012/27/UE, Rivista la Termotecnica n.6

Direttiva 2012/27/UE

Alesi P, (2012) , Dispersioni energetiche degli edifici su scala urbana:Tecniche di rilevamento e condivisione, Tesi Università di Venezia

Ferrari S,OPEN DATA ED ENERGIA, Comune di Reggio Emilia

David Moser; Daniele Vettorato, (2013)Il catasto solare Alta Val di Non, EURAC

Riccardo Battisti, (2013) Il solare termico per impianti di teleriscaldamento, Ambiente Italia S.r.l.

Mottana A., Campolunghi M.P. ,(2010), Strutturazione di una banca dati in ambiente G.I.S. per lo sviluppo di impianti innovativi finalizzati alla gestione delle georisorse, Report Ricerca di Sistema 209

Atti del Convegno - LA MICRO-COGENERAZIONE A FUEL CELL - La Valsugana come laboratorio e centro di competenza , 2013,

G.Grazzini , L.LEONCINI,(2014), "Nearly Zero Energy Building" e "Cost-Optimality":Norme Europee e loro recepimento,

Bollettino Ingegneri 3/2014

M. Annunziato, M. Bosello, M. De Felice, C. Meloni, S. Pizzuti , (2011) Modelli predittivi e soluzioni pilota per la diagnostica e controllo di , smart buildings, Ricerca di Sistema Enea

Fanchiotti A.,Carnielo E, (2010) Impatto di tecnologie Cool Roof sulle prestazioni energetiche degli edifici. Caso studio. Ricerca di Sistema Enea

(2014), Rapporto Annuale efficienza energetica, ENEA

(2014) Smart grid Report, le prospettive di sviluppo delle energy community in Italia, Energy startegy Group

Vianello M, (2014), Costruire una città intelligente. Smart cities, gioco, innovazione: il futuro possibile, Maggioli

A Biral (2012)   Ottimizzazione delle smart-grid: soluzione centralizzata e distribuita, tesi.cab.unipd.it

Bolchi T. (2011) Micro Grid: Distribuzione dell'energia elettrica attraverso Reti Intelligenti, Tesi di Laurea università di Padova

(2014) Guida Operativa :Certificati Bianchi per il Servizio Idrico Integrato, ENEA

Delibera AEEG 27 dicembre 2013   631/2013/R/gas

AgCom,   (2014)Indagine   conoscitiva   sul   settore   del
teleriscaldamento, IC46

(2014) Guida Operativa :Certificati Bianchi per il Trasporto
Pubblico Locale, ENEA

Giacchetti W.,(2011)Biogas e Compost da rifiuti organici
selezionati, CIC Italia

M. Annunziato, F. Bucci, C. Meloni, F. Moretti, S. Pizzuti (2011)
Sviluppo sistemi intelligenti per la gestione della "Smart Street" ,
Report 198 Ricerca di sistema Enea

Report Cassa Depositi e Prestiti (2013) Smart City Progetti di
sviluppo e strumenti di finanziamento

8 PRINCIPALI SITI WEB CONSULTATI

www.enea.it

www.smartcityexhibition.it

smartinnovation.forumpa.it

www.agendadigitale.eu

www.cdp.it/static/upload/rep/report-monografico-smart-city.pdf

www.gse.it

http://www.ediliziaeterritorio.ilsole24ore.com/

osservatoriosmartcity.it

www.smart-cities.eu

http://www.enea.it/it/produzione-scientifica/EAI/anno-2011/n.%204-

5%202011%20Luglio-ottobre2011/SmartCity

http://www.smart-cities.eu

www.radio24.ilsole24ore.com/programma/smart-city

http://www.comune.borgo-valsugana.tn.it/convegni-presentazioni/218-atti-di-convegni/1014-convegno-la-micro-cogenerazione-a-fuel-cell-la-valsugana-come-laboratorio-e-centro-di-competenza

www.barismartcity.it

italiansmartcites.it